엔트리로 시작하는 코딩 첫걸음

④ 생활과학

Why? 코딩 워크북 ❹ 생활과학

2016년 9월30일 1판1쇄 발행 | 2020년 7월10일 1판3쇄 발행

글 안진석 **그림** 이영호 **감수** 송상수
회장 나춘호 **펴낸이** 나성훈 **펴낸곳** (주)예림당
등록 제2013-000041호 **주소** 서울시 성동구 아차산로 153 예림출판문화센터
구매 문의 전화 전략 마케팅 561-9007 **팩스** 562-9007
책 내용 문의 전화 3404-9220
http://www.yearim.kr

출판콘텐츠개발본부 이사 백광균
책임 개발 박효정 / 서인하 문새미 **편집** 전윤경 **디자인** 이정애 / 이보배 김세영
국제 업무 김대원 / 최고은 김혜진 **제작** 정병문 / 신상덕 곽종수 홍예솔 **홍보 마케팅** 박일성
전략 마케팅 채청용 / 김희석 임상호 전훈승 / 전기남 최순예 김종석 전주환
　　　　　　김충원 안민혁 오혜민 진혜숙 박가영 한수현 이현규

ⓒ 2016 초등컴퓨팅교사협회 예림당

ISBN 978-89-302-3054-4 74400
ISBN 978-89-302-3050-6 74400 (세트)

* 이 도서에는 아모레퍼시픽에서 제공한 아리따글꼴이 적용되어 있습니다.

이 책은 저작권법에 따라 보호받는 저작물이므로 무단 전재와 무단 복제를 금합니다.
이 책의 표지 이미지나 내용 일부를 사용하려면 반드시 (주)예림당의 서면 동의를 받아야 합니다.

이 도서의 국립중앙도서관 출판예정도서목록(CIP)은 서지정보유통지원시스템 홈페이지(http://seoji.nl.go.kr)와
국가자료공동목록시스템(http://www.nl.go.kr/kolisnet)에서 이용하실 수 있습니다.(CIP제어번호: CIP2016028181)

어린이제품 안전특별법에 의한 제품 표시사항
제품명 | 도서   제조자명 | (주)예림당   제조국명 | 대한민국   전화번호 | 02)566-1004
주소 | 서울시 성동구 아차산로 153   제조년월 | 발행일 참조   사용연령 | 8세 이상

주의! 책의 모서리가 날카로우니, 던지거나 떨어뜨려 다치지 않도록 주의하세요.

엔트리로 시작하는 코딩 첫걸음

Why? 코딩 워크북

글 안진석(초등컴퓨팅교사협회) 그림 이영호 감수 송상수(엔트리교육연구소)

④ 생활과학

들어가는 말

생각하는 힘을 키우는 즐거운 코딩!

여러분은 '소프트웨어'라는 말을 들어 본 적 있나요? 우리 생활을 편리하게 해 주는 컴퓨터나 스마트폰 같은 전자 기기는 모두 소프트웨어로 작동합니다. 소프트웨어가 없다면 컴퓨터는 그저 비싼 깡통에 불과합니다. 그만큼 소프트웨어가 중요하다는 말이지요. 앞으로 인공 지능과 로봇, IoT(사물인터넷) 등이 발전하면서 우리 생활에서 소프트웨어는 한층 더 중요하게 자리 잡게 될 것입니다.

이와 발맞추어 2019년에는 초등학교에서 의무적으로 SW(소프트웨어)교육을 할 예정에 있습니다. 수업 시간에 아이들 스스로 프로그램을 만들어 보는 것입니다. SW교육은 그저 컴퓨터 프로그램을 만드는 기술을 가르치는 것이 아닙니다. 어떤 프로그램을 어떻게 만들지 구상하며 창의력을, 컴퓨터가 명령어를 실행할 수 있도록 논리적으로 코딩하는 과정을 통해 컴퓨팅 사고력을, 문제에 맞닥뜨렸을 때 이를 해결해 나가는 과정을 통해 문제 해결력을 키울 수 있습니다.

직접 컴퓨터 프로그램을 만든다? 왠지 어려울 것 같다고요? 그렇지 않습니다. 쉽게 코딩을 할 수 있게 도와주는 마법 같은 프로그래밍 언어, 엔트리가 있으니까요. 엔트리는 그동안 사용해 왔던 복잡하고 어려운 컴퓨터 언어 대신 블록 형태로 되어 있어 장난감 블록을 끼워 맞추듯 명령어를 조립하면 프로그램을 만들 수 있습니다.

컴퓨터로 프로그램 만드는 걸 코딩이라고 해요.

엔트리를 이용하면 좋아하는 동화를 애니메이션으로 만들 수도 있고, 내가 원하는 대로 게임을 만들 수도 있습니다. 식물의 성장 과정을 알려 주는 교육 프로그램도, 도난 방지 프로그램도 만들 수 있지요.

내가 상상한 대로 프로그램을 만들고 직접 실행시켜 보는 것은 아주 중요하고 특별한 경험이 될 것입니다. 이제 <Why? 코딩 워크북> 시리즈로 즐겁게 코딩을 시작해 보세요! 하나씩 따라 하며 코딩을 이해하다 보면 어느새 코딩 자신감이 쑥쑥 자라날 것입니다.

저자 소개

초등컴퓨팅교사협회 는 다방면에서 SW교육을 실천하고 있는 선생님들의 모임입니다. SW교육을 위한 교사 및 학생 연수를 주최하고, <EBS 소프트웨어야 놀자 1, 2> 제작에 참여했습니다. SW교육 관련 국제 교류 사업 및 SW교육 연계 로봇 페스티벌 등 다양한 기획을 추진 중에 있습니다.

이 책을 쓰신 **안진석 선생님** 은 경인교육대학원에서 초등컴퓨터교육 석사 과정을 마치고, 현재 SW교육 연구학교에서 근무하고 있습니다. 교육부 소프트웨어교육 교재 집필을 시작으로, EBS 및 각종 온라인 SW교육연수 운영, 보드게임 개발, SW영재학급 운영 등 SW교육의 폭넓은 확산과 정착을 위한 다양한 활동에 참여하고 있습니다.

이 책을 감수하신 **송상수 연구원** 은 엔트리교육연구소 수석연구원으로, <EBS 소프트웨어야 놀자> 방송 기획·강의, 교육부 SW교육 선도교원 연수 교재 집필·강의, 교육부 SW교육 원격연수 개발, EBS 소프트웨어 교육 원격연수 개발·강의, <소프트웨어야 놀자> 교사용 지도서 집필 등 SW교육과 관련된 다양한 활동을 하고 있습니다.

이 책의 특징

얘들아, 시작해 볼까?

이 책은 크게 5단계로 구성되어 있습니다.
순서대로 따라 하기만 하면 코딩의 원리를 배우고,
뚝딱뚝딱 쉽게 프로그램을 완성할 수 있지요.
꼼지, 엄지, 박사님, 엔트리봇과 함께 차근차근 따라 해
보세요. 스스로 생각하며 프로그램을 만들어
보는 사이, 코딩 실력이 쑥쑥 늘어날 것입니다.

박사님

엔트리봇

코딩 시작!

꼼지

완성 작품을
확인할 수 있는
미리보기 QR코드가
실려 있습니다.

1 만화를 읽어요

각 장 첫 페이지에 도입 만화가
있습니다. 만화를 통해 각 장에서
배울 원리를 살짝 엿볼 수 있습니다.

2 작품을 살펴봐요

〈활동1〉에서 완성 작품을 미리 살펴보며
어떤 오브젝트가 필요한지, 어떤 식으로
코딩할지 생각해 봅니다.

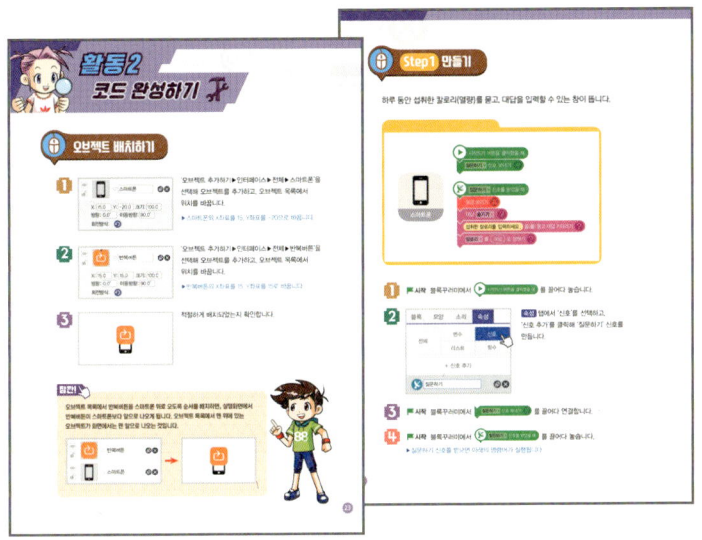

3 코드를 만들어요

〈활동2〉에서 직접 코딩해 봅니다.
하나하나 그대로 따라 하면 누구나
쉽게 코드를 완성할 수 있습니다.
중요한 원리는 팁박스로 따로
설명되어 있습니다.

미션을 해결하면
코딩 실력이 한 단계
업그레이드
될 거예요!

엄지

4 코드를 확인해요

전체 코드를 한눈에 보면서 제대로
코딩했는지 확인합니다.

5 미션에 도전해요

각 장의 마지막에는 〈코딩, Level Up!〉
미션이 있습니다. 앞에서 배웠던 원리를
참고로 직접 미션을 해결해 봅니다.

목차

1장 하늘로 올라간 풍선 ——— 11

전체 코드 확인하기 ——— 19
코딩 Level Up! ——— 20

2장 운동 시간 계산 프로그램 ——— 21

전체 코드 확인하기 ——— 35
코딩 Level Up! ——— 36

3장 번개가 치는 곳까지 거리는? ——— 37

전체 코드 확인하기 ——— 45
코딩 Level Up! ——— 46

4장 자율 주행 자동차 ——— 47

전체 코드 확인하기 ——— 55
코딩 Level Up! ——— 56

5장 난방의 원리 ——— 57

전체 코드 확인하기 ——— 71
코딩 Level Up! ——— 72

6장 풍력 발전기를 돌려라! ——— 73

전체 코드 확인하기 ——— 87
코딩 Level Up! ——— 88

7장 스마트 하우스 ——— 89

전체 코드 확인하기 ——— 104
코딩 Level Up! ——— 106

8장 자동 분리 수거 장치 ——— 107

전체 코드 확인하기 ——— 124
코딩 Level Up! ——— 126

코딩 Level Up! 정답 페이지 ——— 127

1장
하늘로 올라간 풍선

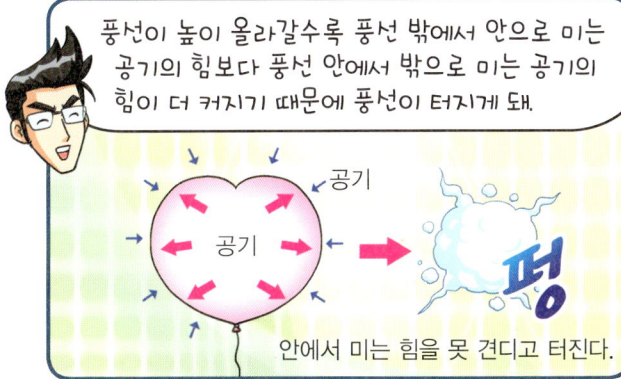

 풍선이 하늘 위로 올라가면서 어떤 일이 일어나는지 설명하는 장면을 만든다고 하네요. 어떻게 만들면 좋을까요?

완성 작품 구성 미리보기

다음 주소 https://goo.gl/jCPiRd 로 들어가면 완성 작품이 있습니다. 작품명은 '생활과학_01장'으로, 엔트리 사이트 공유하기에서 'Whycoding4'를 검색해도 작품을 볼 수 있습니다.

미리보기 QR코드로도 작품을 볼 수 있어요.

Step 1 화면 맨 아래쪽에 있던 풍선이 조금씩 하늘로 떠오르기 시작합니다.

Step 2 중간 지점을 지나자 풍선의 표정이 변하며, 풍선이 조금씩 커지기 시작합니다.

Step 3 풍선이 화면 맨 위쪽에 가까워지면 크기가 매우 커지며 찡그린 표정을 짓습니다.

Step 4 풍선이 견디지 못하고 그만 터져 버립니다.

활동 2 코드 완성하기

오브젝트 배치하기

1 '오브젝트 추가하기▶배경▶자연▶구름 세상'을 선택해 배경을 만듭니다. 오브젝트 추가하기 창에서 '구름 세상'을 검색해서 찾아도 됩니다.

2 '오브젝트 추가하기▶물건▶기타▶풍선'을 선택해 오브젝트를 추가하고, 오브젝트 목록에서 위치와 크기, 이동 방향을 바꿉니다.

▶ 풍선의 X좌표를 -10, Y좌표를 -110, 크기를 50으로 바꿉니다.
▶ 이동 방향을 0°로 바꿉니다.

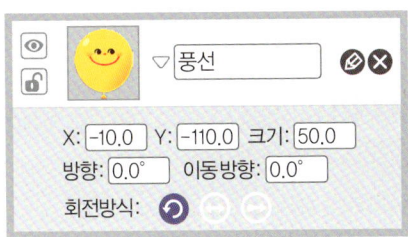

3 모양 탭에서 풍선이 어떤 모양으로 바뀔 수 있는지 확인합니다.

4 적절하게 배치되었는지 확인합니다.

잠깐!

풍선 오브젝트를 불러오면 이동 방향 화살표가 기본적으로 오른쪽 방향(90°)으로 되어 있습니다. 풍선은 오른쪽이 아니라 위로 이동해야 하므로, 이동 방향을 위쪽(0°)으로 바꿔 주어야 하는 것입니다.

Step 1 만들기

풍선이 화면 맨 아래쪽에 있다가 하늘로 떠오르기 시작합니다.

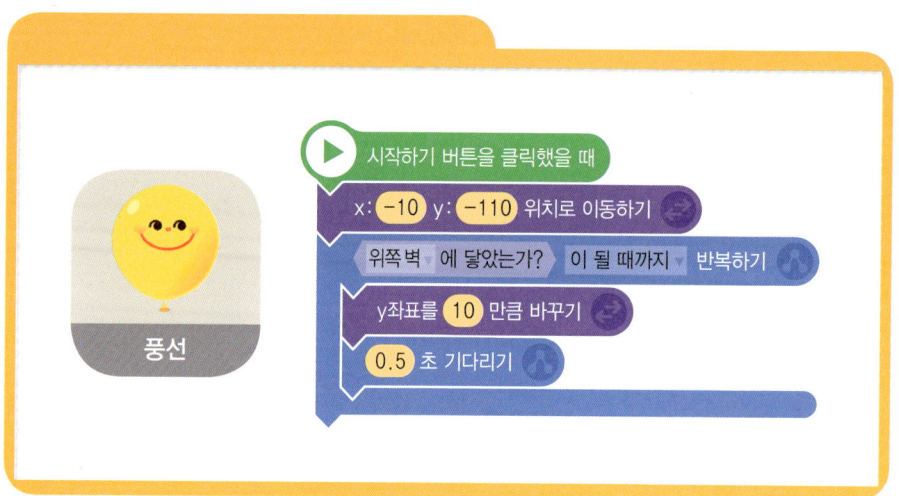

1 시작 블록꾸러미에서 [시작하기 버튼을 클릭했을 때]를 끌어다 놓습니다.
  ▶ 시작하기 버튼을 클릭하면 아래쪽에 연결된 명령어가 실행됩니다.

2 움직임 블록꾸러미에서 [x:0 y:0 위치로 이동하기]를 끌어다 연결하고, x좌표를 –10, y좌표를 –110으로 바꿉니다.
  ▶ 풍선의 처음 위치를 정해 주는 것입니다.

> **잠깐!**
> 엔트리는 여러 번 실행하더라도 오브젝트를 놓아 둔 위치가 바뀌지 않지만, 보통 코딩을 할 때는 초기 위치를 잡아 주어야 항상 똑같은 위치에서 실행이 됩니다.

3 흐름 블록꾸러미에서 [참 이 될 때까지 반복하기]를 끌어다 연결하고,
  판단 블록꾸러미에서 [마우스포인터에 닿았는가?]를 끌어다 참 부분에 끼워 넣습니다.
  ▼를 클릭해 '위쪽 벽'을 선택합니다.
  ▶ 위쪽 벽에 닿을 때까지 블록 안쪽의 명령어가 실행됩니다.

4 움직임 블록꾸러미에서 y좌표를 10 만큼 바꾸기 를 끌어다 조건 블록 안쪽에 연결합니다.

5 흐름 블록꾸러미에서 2 초 기다리기 를 끌어다 연결하고, 0.5초로 바꿉니다.
▶ 풍선이 너무 빨리 이동하지 않게 속도를 조절해 주는 것입니다.

Step2 만들기

하늘로 올라가던 풍선은 화면 중간 지점을 지날 때 표정이 변하며 조금씩 커집니다.

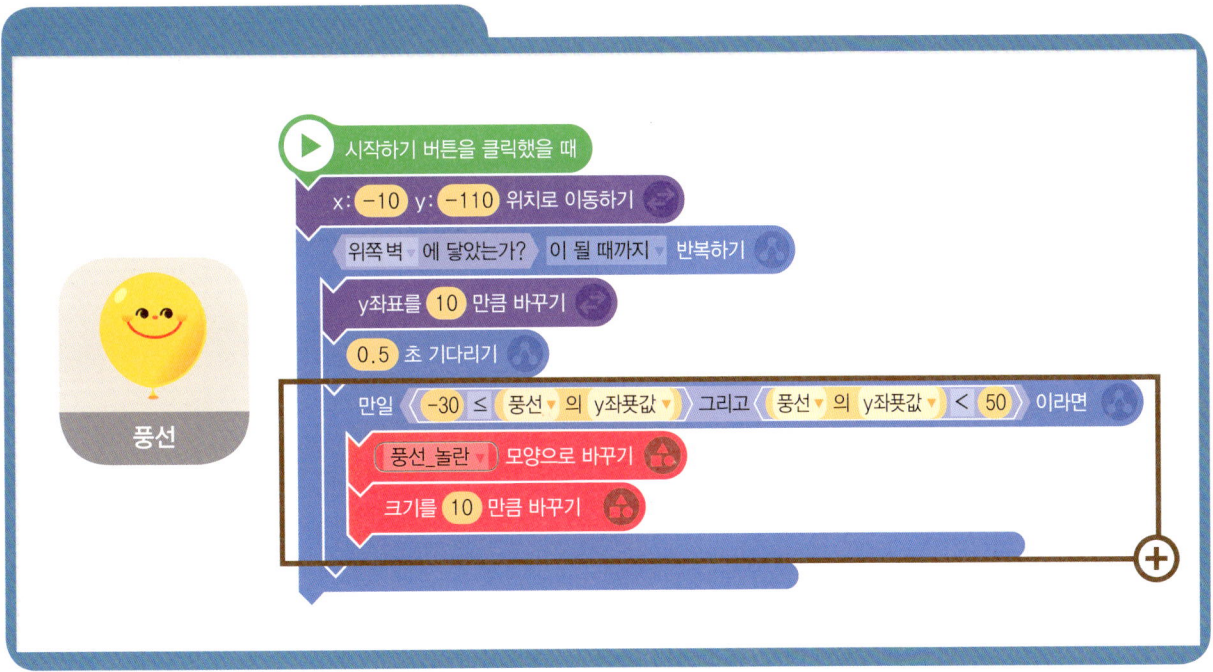

1 흐름 블록꾸러미에서 만일 참 이라면 을 끌어다 연결하고,
판단 블록꾸러미에서 참 그리고 참 을 끌어다 참 부분에 끼워 넣습니다.
▶ 높이 변화에 따라 풍선의 모양과 크기를 바꾸기 위해 조건을 정해 주는 것입니다.

2 ✓ **판단** 블록꾸러미에서 `10 ≤ 10` 과 `10 < 10` 을 끌어다 `참 그리고 참` 의 `참` 부분에 각각 순서대로 끼워 넣습니다.

3 🖩 **계산** 블록꾸러미에서 `풍선▼ 의 x좌푯값▼` 을 끌어다 `10 ≤ 10` 의 뒤쪽 `10` 부분에 끼워 넣고, ▼를 클릭해 'y좌푯값'을 선택합니다. 앞쪽 `10` 은 −30으로 바꿉니다.

4 🖩 **계산** 블록꾸러미에서 `풍선▼ 의 x좌푯값▼` 을 끌어다 `10 < 10` 의 앞쪽 `10` 부분에 끼워 넣고, ▼를 클릭해 'y좌푯값'을 선택합니다. 뒤쪽 `10` 은 50으로 바꿉니다.

5 ▲ **생김새** 블록꾸러미에서 `풍선_웃는▼ 모양으로 바꾸기` 를 끌어다 조건 블록 안쪽에 연결하고, ▼를 클릭해 '풍선_놀란'을 선택합니다.

▶ 풍선의 y좌푯값이 −30 이상이고 50 미만이면, 풍선이 놀란 표정으로 바뀝니다.

6 ▲ **생김새** 블록꾸러미에서 `크기를 10 만큼 바꾸기` 를 끌어다 연결합니다.

▶ 풍선의 y좌푯값이 −30 이상이고 50 미만이면, y좌푯값이 10만큼 바뀔 때마다 즉 기압이 달라질 때마다 풍선이 10만큼씩 커집니다.

꼭 풍선 모습을 바꿔야 해? 풍선 크기만 바꿔도 되잖아.

풍선 모양을 바꾸면 높이의 변화를 눈으로 바로 확인할 수 있잖아. 프로그램의 완성도와 재미를 위해서 이런 장치도 필요해.

Step3 만들기

풍선이 화면 맨 위에 가까워지면, 크기가 훨씬 커지고 우는 표정으로 바뀝니다.

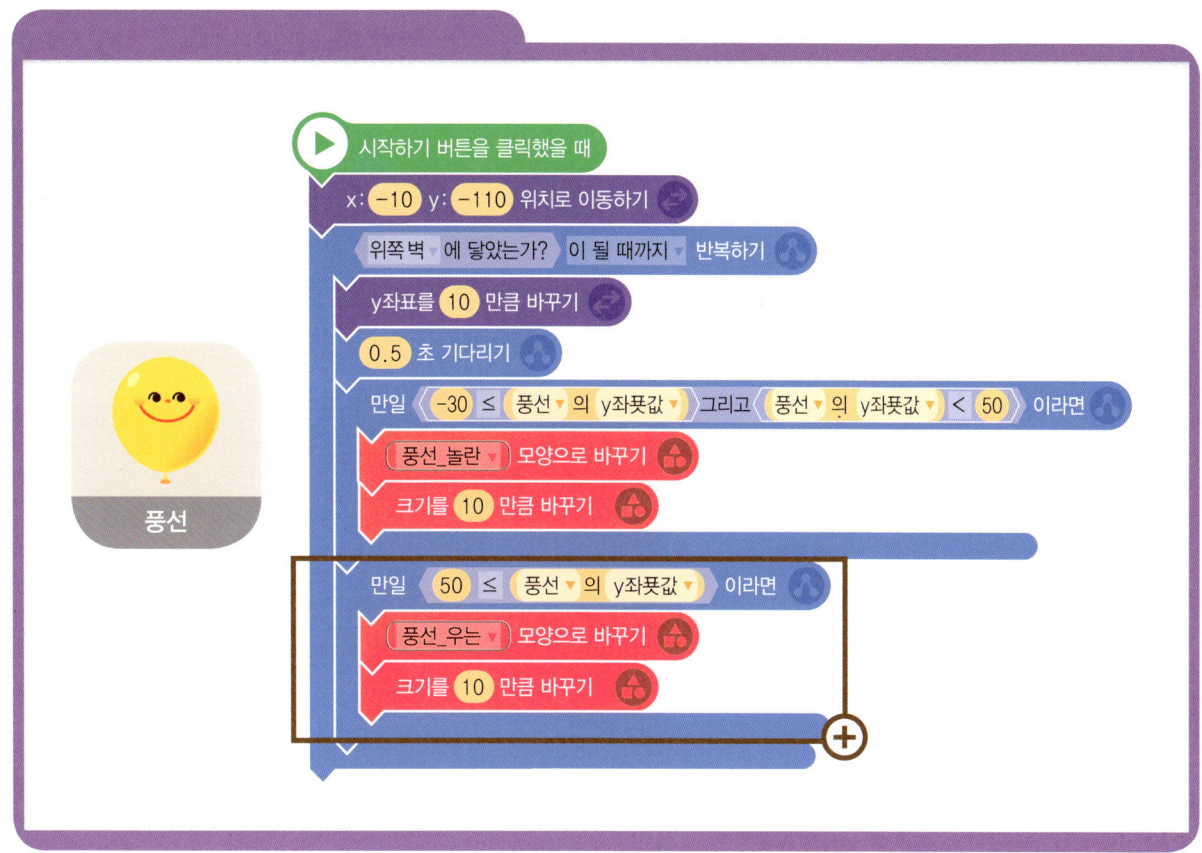

1 흐름 블록꾸러미에서 `만일 참 이라면` 을 끌어다 연결하고,
판단 블록꾸러미에서 `10 ≤ 10` 을 끌어다 `참` 부분에 끼워 넣습니다.

2 계산 블록꾸러미에서 `풍선의 x좌푯값` 을 끌어다 `10 ≤ 10` 의 뒤쪽 `10` 부분에 끼워 넣고, ▼를 클릭해 'y좌푯값'을 선택합니다. 앞쪽 `10` 은 50으로 바꿉니다.

3 생김새 블록꾸러미에서 `풍선_웃는 모양으로 바꾸기` 를 끌어다 조건 블록 안쪽에 연결하고, ▼를 클릭해 '풍선_우는'을 선택합니다.

▶ 풍선의 y좌푯값이 50 이상이면, 풍선이 우는 표정으로 바뀝니다.

4 생김새 블록꾸러미에서 크기를 10 만큼 바꾸기 를 끌어다 연결합니다.

Step4 만들기

풍선이 화면 맨 위에 닿으면 팡 터집니다.

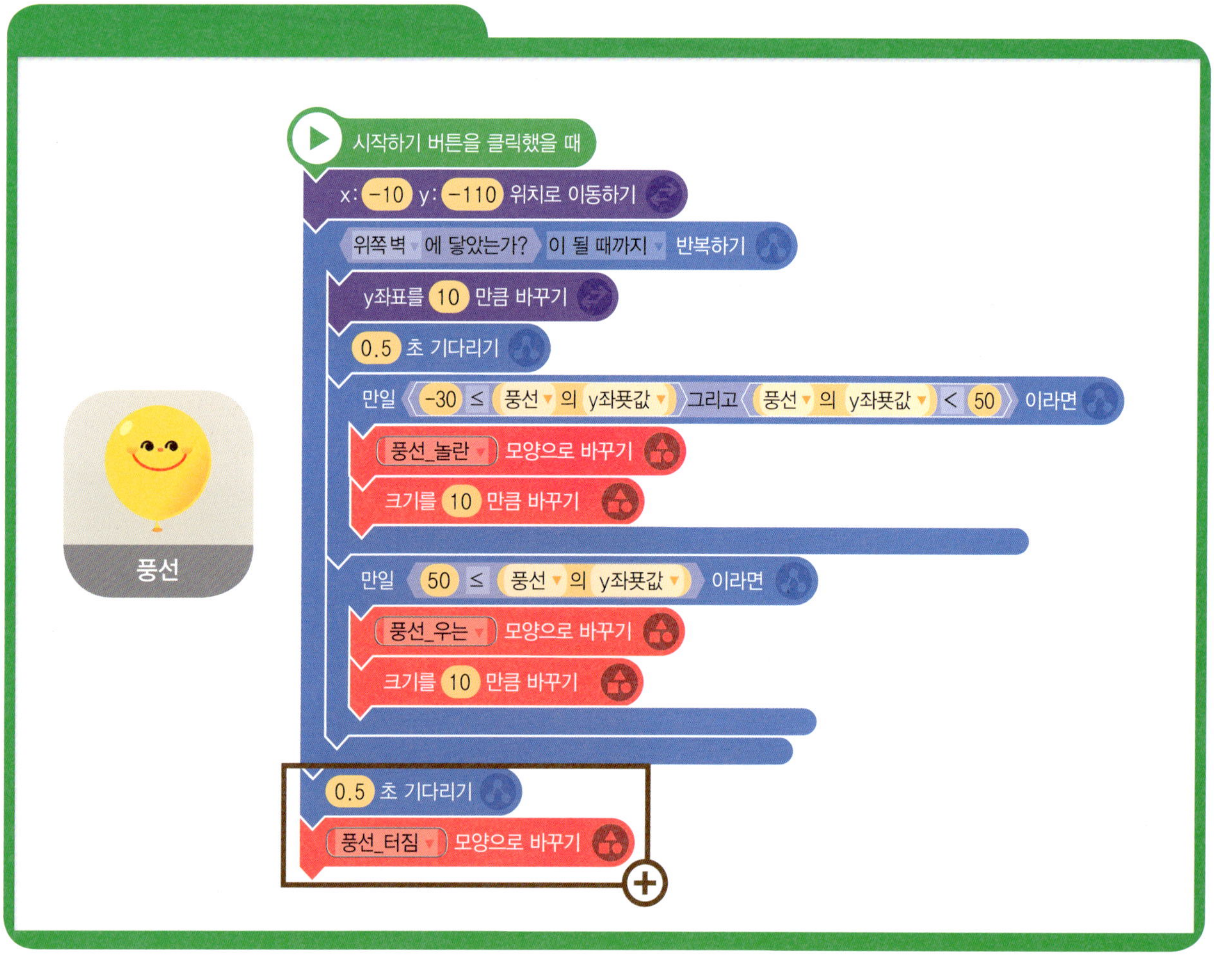

1 흐름 블록꾸러미에서 2 초 기다리기 를 끌어다 연결하고, 0.5초로 바꿉니다.
▶ 풍선의 모양 변화를 조금 더 보이게 하려고 0.5초라는 시간을 준 것입니다.

2 생김새 블록꾸러미에서 풍선_웃는 모양으로 바꾸기 를 끌어다 연결하고, ▼를 클릭해 '풍선_터짐'을 선택합니다.

▶ 풍선이 위쪽 벽에 닿으면 반복되던 동작이 모두 끝나고, 풍선이 터진 모양으로 바뀌면서 프로그램이 멈춥니다.

전체 코드 확인하기

블록이 잘 조립되었는지 확인하고, 시작하기 버튼을 눌러 실행해 봅시다.

```
시작하기 버튼을 클릭했을 때
x: -10  y: -110 위치로 이동하기
위쪽 벽▼ 에 닿았는가? 이 될 때까지▼ 반복하기
    y좌표를 10 만큼 바꾸기
    0.5 초 기다리기
    만일 -30 ≤ 풍선▼의 y좌푯값 그리고 풍선▼의 y좌푯값▼ < 50 이라면
        풍선_놀란▼ 모양으로 바꾸기
        크기를 10 만큼 바꾸기
    만일 50 ≤ 풍선▼의 y좌푯값▼ 이라면
        풍선_우는▼ 모양으로 바꾸기
        크기를 10 만큼 바꾸기
0.5 초 기다리기
풍선_터짐▼ 모양으로 바꾸기
```

풍선

으아~
내 풍선!

하늘로 올라가는 풍선이 어떤 변화를 겪게 되는지 잘 살펴보았나요? 그렇다면 이제 이 프로그램을 좀 더 재미있게 수정해 볼까요?

 풍선이 하늘로 올라갈수록 색이 변하다가 위쪽 벽에 닿아 터질 때 '펑!' 소리가 나도록 해 보세요.

Tip 아래의 블록들을 활용해서 어떻게 코딩할지 생각해 보세요.

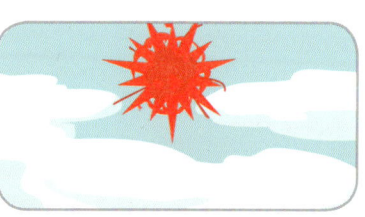

이번 미션을 잘 해결했나요?
저는 초보 탐험가입니다. 여러분이 앞으로 미션을 해결할 때마다 탐험 아이템을 얻어 점점 성장하게 되지요. 제가 훌륭한 탐험가가 될 수 있도록 미션을 멋지게 해결해 보세요!

 현재의 모습
정답은 128쪽에서 확인해 보세요!

2장
운동 시간 계산 프로그램

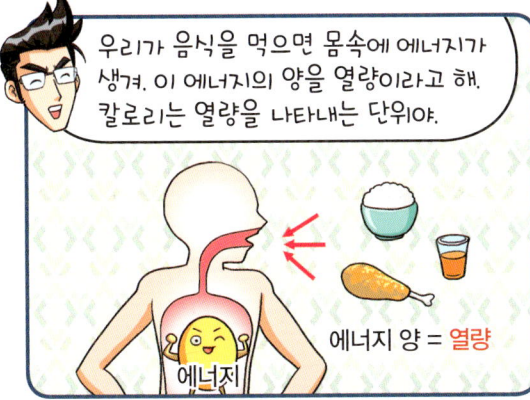

자동으로 운동 시간을 계산해 주는 프로그램은 어떻게 실행될까요?
엄지가 좋아하는 운동을 이용해 프로그램을 만들어 봅시다.

 **완성 작품 구성 미리보기**

다음 주소 https://goo.gl/q1Wg8b 로 들어가면 완성 작품이 있습니다. 작품명은 '생활과학_02장'으로, 엔트리 사이트 공유하기에서 'Whycoding4'를 검색해도 작품을 볼 수 있습니다.

미리보기 QR코드로도 작품을 볼 수 있어요.

Step 1 스마트폰이 하루 동안 섭취한 칼로리(열량)를 묻습니다.

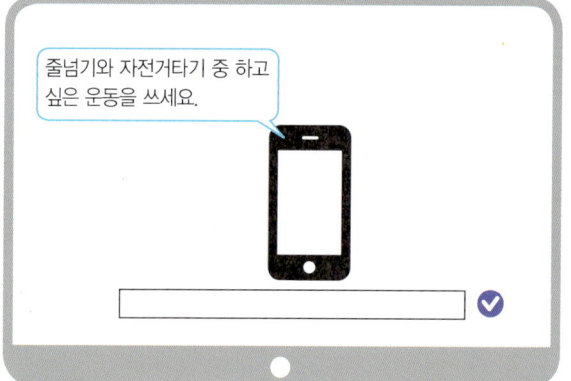

Step 2 엄지가 좋아하는 '줄넘기'와 '자전거타기' 중 어떤 운동을 하고 싶은지 묻습니다.

Step 3 입력한 칼로리와 운동 종류에 따라 운동 시간이 표시됩니다.

Step 4 다시 처음부터 실행할 수 있게 반복버튼이 나타납니다.

오브젝트 배치하기

1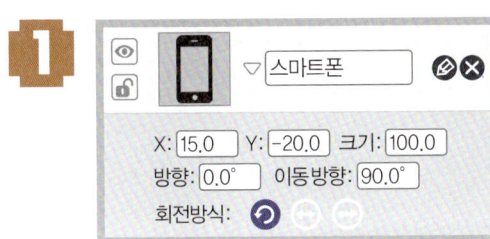

'오브젝트 추가하기▶인터페이스▶전체▶스마트폰'을 선택해 오브젝트를 추가하고, 오브젝트 목록에서 위치를 바꿉니다.

▶ 스마트폰의 X좌표를 15, Y좌표를 −20으로 바꿉니다.

2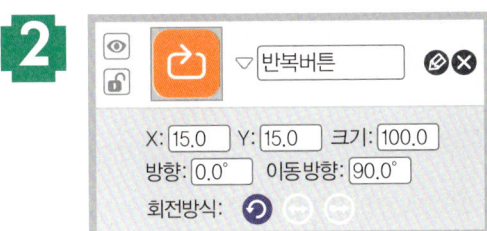

'오브젝트 추가하기▶인터페이스▶전체▶반복버튼'을 선택해 오브젝트를 추가하고, 오브젝트 목록에서 위치를 바꿉니다.

▶ 반복버튼의 X좌표를 15, Y좌표를 15로 바꿉니다.

3

적절하게 배치되었는지 확인합니다.

오브젝트 목록에서 반복버튼을 스마트폰 위로 오도록 순서를 배치하면, 실행화면에서 반복버튼이 스마트폰보다 앞으로 나오게 됩니다. 오브젝트 목록에서 맨 위에 있는 오브젝트가 화면에서는 맨 앞으로 나오는 것입니다.

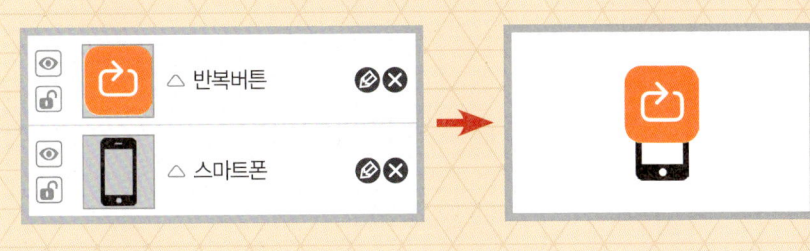

Step 1 만들기

하루 동안 섭취한 칼로리(열량)를 묻고, 대답을 입력할 수 있는 창이 뜹니다.

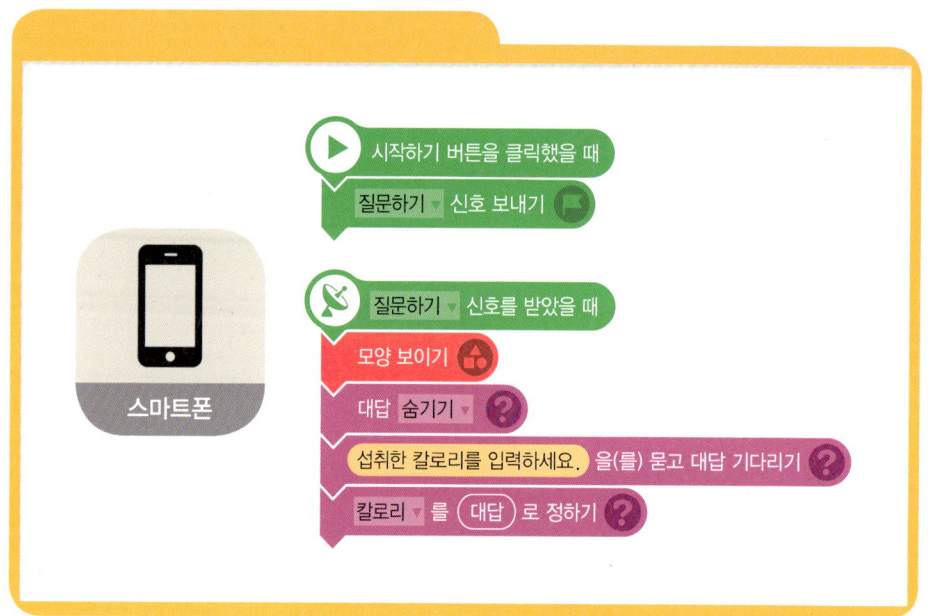

1 ▶시작 블록꾸러미에서 `시작하기 버튼을 클릭했을 때` 를 끌어다 놓습니다.

2 `속성` 탭에서 '신호'를 선택하고, '신호 추가'를 클릭해 '질문하기' 신호를 만듭니다.

3 ▶시작 블록꾸러미에서 `질문하기 신호 보내기` 를 끌어다 연결합니다.

4 ▶시작 블록꾸러미에서 `질문하기 신호를 받았을 때` 를 끌어다 놓습니다.
▶ 질문하기 신호를 받으면 아래의 명령어가 실행됩니다.

> **잠깐!**
> '신호 보내기'와 '신호를 받았을 때' 블록을 이용하면 다른 오브젝트가 시작되거나 종료되는 시점을 정해 줄 수 있습니다. 어떤 오브젝트가 신호를 보내면 다른 오브젝트가 그 신호를 받았을 때만 명령어가 실행되는 것입니다. 즉 어떤 오브젝트가 다른 오브젝트를 움직이려고 할 때 신호가 필요합니다.

5 생김새 블록꾸러미에서 `모양 보이기` 를 끌어다 연결합니다.

▶ 질문할 때만 스마트폰이 화면에 보이도록 '모양 보이기'를 연결해 줍니다.

6 ? 자료 블록꾸러미에서 `대답 숨기기` 를 끌어다 연결합니다.

▶ 입력한 값이 화면에 보이지 않습니다.

7 ? 자료 블록꾸러미에서 `안녕! 을(를) 묻고 대답 기다리기` 를 끌어다 연결하고, '섭취한 칼로리를 입력하세요.'로 바꿉니다.

▶ 이 블록을 사용하면 원하는 값을 입력할 수 있는 창이 자동으로 만들어집니다.

8 속성 탭에서 '변수'를 선택하고 '변수 추가'를 클릭해, '칼로리' 변수를 만듭니다.

▶ '칼로리' 변수가 실행화면에서 보이지 않도록 설정합니다.

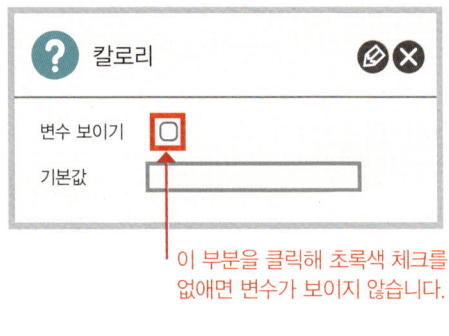

이 부분을 클릭해 초록색 체크를 없애면 변수가 보이지 않습니다.

9 ? 자료 블록꾸러미에서 `칼로리 를 10 로 정하기` 를 끌어다 연결하고, `대답` 을 끌어다 `10` 부분에 끼워 넣습니다.

▶ 사용자가 입력한 칼로리가 대답이 되어 저장됩니다.

> 변수는 한마디로 '변하는 값을 저장하는 공간' 입니다. 내가 입력한 숫자나 문자를 컴퓨터가 기억하도록 변수로 저장하는 것이지요.

잠깐!

섭취한 칼로리는 어떻게 알 수 있을까요? 음식물은 여러 영양소로 이루어져 있는데, 열량을 내는 3대 열량영양소 중 탄수화물과 단백질은 1g(그램)당 4kcal(킬로칼로리), 지방은 1g당 9kcal의 열량을 내는 것으로 알려져 있습니다. 이를 기준으로 계산된 음식물의 칼로리는 대략 다음과 같습니다.

식사류 ※특별한 표시가 없는 건 1인분 기준

쌀밥(1공기)	300kcal
비빔밥	500kcal
된장찌개	128kcal
참치김치찌개	209kcal
부대찌개	340kcal
물냉면	520kcal
라면	450kcal
콩나물국	15kcal
갈치구이(1토막)	174kcal
시금치나물(100g)	79kcal
배추김치(100g)	33kcal
깍두기(100g)	31kcal
불고기(100g)	163kcal
잡채(100g)	206kcal
떡볶이	482kcal
크림수프	164kcal
안심스테이크	663kcal
오므라이스	662kcal
카레라이스	502kcal
피자(1쪽)	250kcal
스파게티	473kcal
짬뽕	437kcal
자장면	670kcal
탕수육	616kcal
일본식 우동	332kcal
유부초밥(10개)	800kcal
튀김덮밥	739kcal
메밀국수	450kcal

과자 및 인스턴트류

햄버거(1개)	260kcal
프라이드치킨(1조각)	210kcal
너겟(5조각)	238kcal
프렌치프라이(1봉지)	450kcal
팝콘(100g)	420kcal
생크림케이크(1조각)	244kcal
비스킷(1통)	810kcal
초콜릿케이크(1조각)	437kcal
초콜릿도넛(1개)	281kcal
슈거도넛(1개)	197kcal
초코과자(60g)	285kcal
초코파이(1개)	160kcal
감자칩(1봉지)	464kcal
아이스크림콘(1개)	263kcal
초콜릿(25g)	135kcal
아이스바(1개)	95kcal

음료수 ※1개 기준

사이다	100kcal
콜라	100kcal
콜라 라이트	30kcal
요구르트	75kcal
무가당 오렌지주스	65kcal
이온음료	80kcal
녹차	0kcal
커피	38kcal

과채류 ※100g 기준

사과	50kcal
토마토	22kcal
귤	47kcal
바나나	81kcal
딸기	22kcal
포도	48kcal
복숭아	41kcal
참외	32kcal
키위	47kcal
수박	21kcal

내가 먹는 음식들 칼로리가 이렇구나.

Step2 만들기-①

'줄넘기'와 '자전거타기' 중 어떤 운동을 하고 싶은지 묻고, 대답을 입력할 수 있는 창이 뜹니다.

1 ? 자료 블록꾸러미에서 [안녕! 을(를) 묻고 대답 기다리기] 를 끌어다 연결하고, '줄넘기와 자전거타기 중 하고 싶은 운동을 쓰세요.'로 바꿉니다.

▶ 질문에 대한 답을 줄넘기와 자전거타기 중에서 골라서 입력할 수 있도록 안내해 주는 것입니다.

2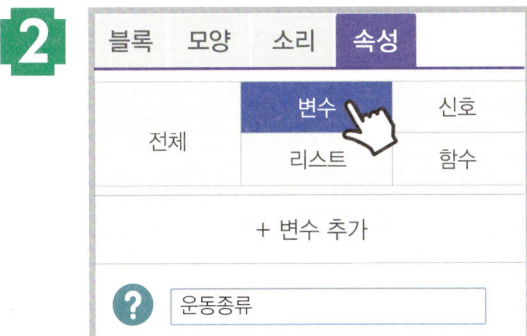

속성 탭에서 '변수'를 선택하고 '변수 추가'를 클릭해, '운동종류' 변수를 만듭니다.

▶ '운동종류' 변수가 실행화면에서 보이지 않도록 설정합니다.

3 ? 자료 블록꾸러미에서 [운동종류 를 10 로 정하기] 를 끌어다 연결하고, [대답] 을 끌어다 10 부분에 끼워 넣습니다.

▶ 사용자가 입력한 운동종류, 즉 '줄넘기'와 '자전거타기' 중 하나가 대답이 되어 저장됩니다.

Step2 만들기-②

운동종류에 따른 열량소비량을 정해 줍니다.

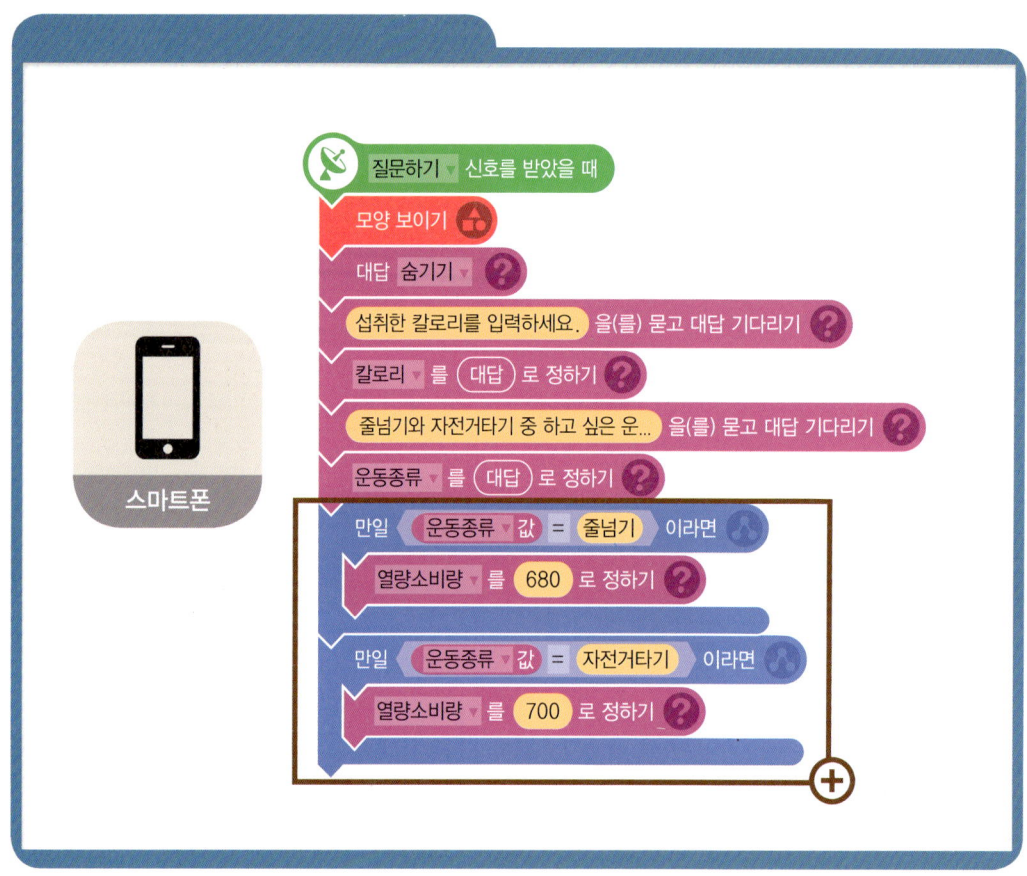

1 🔺흐름 블록꾸러미에서 `만일 참 이라면` 을 끌어다 연결하고,

✅판단 블록꾸러미에서 `10 = 10` 을 끌어다 `참` 부분에 끼워 넣습니다.

2 ❓자료 블록꾸러미에서 `운동종류값` 을 끌어다 앞쪽 `10` 부분에 끼워 넣고,

뒤쪽 `10` 은 '줄넘기'로 바꿉니다.

▶하고 싶은 운동을 '줄넘기'라고 입력했을 때, 아래의 명령어가 실행됩니다.

3 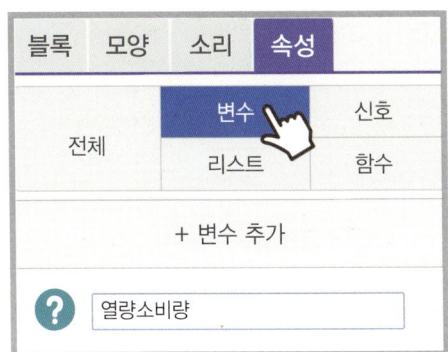 속성 탭에서 '변수'를 선택하고 '변수 추가'를 클릭해, '열량소비량' 변수를 만듭니다.

▶ '열량소비량' 변수가 실행화면에서 보이지 않도록 설정합니다.

4 ? 자료 블록꾸러미에서 열량소비량를 10로 정하기 를 끌어다 조건 블록 안쪽에 연결하고, 680으로 바꿉니다.

▶ 하고 싶은 운동으로 줄넘기를 적어 넣었을 때 소비되는 열량을 정해 줍니다. 줄넘기는 1시간에 680kcal가 소비됩니다.

5 흐름 블록꾸러미에서 만일 참 이라면 을 끌어다 연결하고,

판단 블록꾸러미에서 10 = 10 을 끌어다 참 부분에 끼워 넣습니다.

6 ? 자료 블록꾸러미에서 열량소비량 값 을 끌어다 앞쪽 10 부분에 끼워 넣고, ▼를 클릭해 '운동종류'를 선택합니다. 뒤쪽 10 은 '자전거타기'로 바꿉니다.

▶ 하고 싶은 운동을 '자전거타기'라고 입력했을 때, 아래의 명령어가 실행됩니다.

7 ? 자료 블록꾸러미에서 열량소비량를 10로 정하기 를 끌어다 조건 블록 안쪽에 연결하고, 700으로 바꿉니다.

▶ 하고 싶은 운동으로 자전거타기를 적어 넣었을 때 소비되는 열량을 정해 줍니다. 자전거타기는 1시간에 700kcal가 소비됩니다.

Step3 만들기

입력한 칼로리와 운동의 종류에 따라 운동 시간이 계산되어 표시됩니다.

1 🔺 생김새 블록꾸러미에서 「안녕! 을(를) 4 초 동안 말하기」를 끌어다 연결하고, 시간을 3초로 바꿉니다.

▶ 운동해야 할 시간이 3초 동안 보입니다.

2 ➗ 계산 블록꾸러미에서 「안녕! 과(와) 엔트리 를 합치기」를 끌어다 「안녕!」 부분에 끼워 넣습니다.

잠깐!

운동 시간은 어떻게 계산할 수 있을까요?
예를 들어 내가 섭취한 칼로리가 700kcal라면, 자전거타기를 했을 때 1시간에 700kcal가 소비되므로 1시간 동안 운동을 하면 됩니다. 섭취한 칼로리가 1400kcal라면 운동 시간이 2시간이 되지요.
이를 수식으로 표현하면 다음과 같습니다.

운동 시간 = (섭취한 칼로리 ÷ 열량소비량) × 60분

※ 운동 시간을 '시간'이 아니라 '분'으로 나타내기 위해 60분을 곱해 준 것입니다.
1시간은 60분이니까요.

3 〔계산〕 블록꾸러미에서 (10)의 제곱▼ 을 끌어다 (안녕!)과(와)(엔트리)를 합치기 의 (안녕!) 부분에 끼워 넣고, ▼를 클릭해 '반올림값'을 선택합니다.
뒤쪽 (엔트리)는 '분'으로 바꿉니다.

▶값이 소수점 이하로 나오면 반올림합니다.

4 〔계산〕 블록꾸러미에서 (10)×(10)을 끌어다 (10)의 반올림값▼ 의 (10) 부분에 끼워 넣습니다.

5 〔계산〕 블록꾸러미에서 (10)/(10)을 끌어다 (10)×(10)의 앞쪽 (10) 부분에 끼워 넣고, 뒤쪽 (10)은 60으로 바꿉니다.

▶운동 시간을 '시간'이 아니라 '분'으로 나타내기 위해 60을 곱해 준 것입니다.

6 〔? 자료〕 블록꾸러미에서 (열량소비량▼ 값)을 끌어다 (10)/(10)의 앞쪽 (10) 부분에 끼워 넣고, ▼를 클릭해 '칼로리'를 선택합니다. (열량소비량▼ 값)을 한 번 더 끌어다 뒤쪽 (10) 부분에 끼워 넣습니다.

계산식을 조립할 때는 수학에서 수식을 만들 듯 차근차근 코딩하면 됩니다. 명령어를 겹쳐서 조립하면 복잡한 계산도 얼마든지 할 수 있습니다!

Step4 만들기-①

계산이 끝나면 스마트폰은 화면에서 사라집니다.

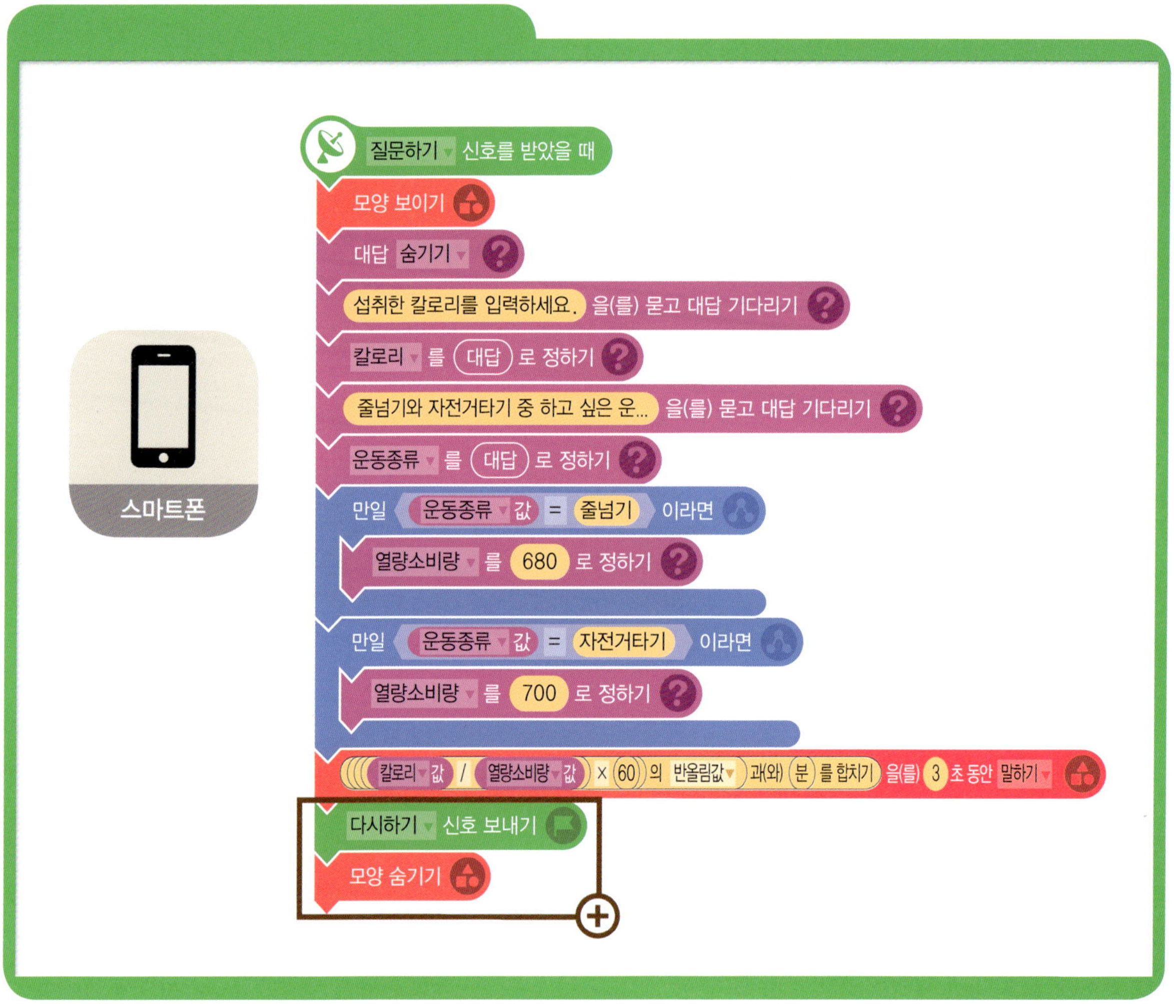

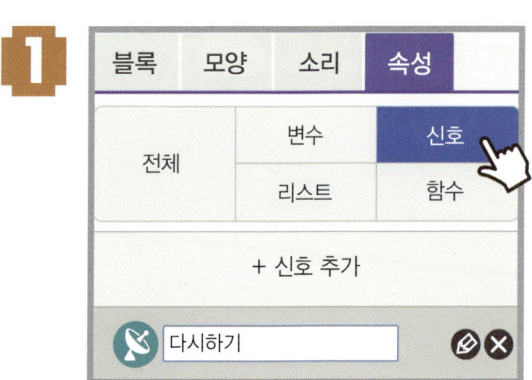

1 속성 탭에서 '신호'를 선택하고, '신호 추가'를 클릭해 '다시하기' 신호를 만듭니다.

2 🚩 **시작** 블록꾸러미에서 `다시하기 신호 보내기` 를 끌어다 연결합니다.
▶ 프로그램을 다시 실행시킬 반복버튼이 나타나도록 반복버튼 오브젝트에 신호를 보냅니다.

3 🔺 **생김새** 블록꾸러미에서 `모양 숨기기` 를 끌어다 연결합니다.
▶ 실행화면에 반복버튼만 보이도록 스마트폰은 숨깁니다.

🖱 Step4 만들기-②

계산이 끝나고 스마트폰이 사라지면 화면에 반복버튼이 나타납니다.
반복버튼을 클릭하면 다시 칼로리를 묻습니다.

1 🚩 **시작** 블록꾸러미에서 `시작하기 버튼을 클릭했을 때` 를 끌어다 놓습니다.

2 🔺 **생김새** 블록꾸러미에서 `모양 숨기기` 를 끌어다 연결합니다.
▶ 프로그램이 시작되었을 때는 반복버튼이 보이지 않습니다.

3 ▶️시작 블록꾸러미에서 [다시하기 신호를 받았을 때] 를 끌어다 놓습니다.

4 🔺생김새 블록꾸러미에서 [모양 보이기] 를 끌어다 연결합니다.
▶다시하기 신호를 받으면 반복버튼이 화면에 나타납니다.

5 ▶️시작 블록꾸러미에서 [오브젝트를 클릭했을 때] 를 끌어다 놓습니다.

6 ▶️시작 블록꾸러미에서 [다시하기 신호 보내기] 를 끌어다 연결하고,
▼를 클릭해 '질문하기'를 선택합니다.

7 🔺생김새 블록꾸러미에서 [모양 숨기기] 를 끌어다 연결합니다.
▶계산 과정이 다시 시작되도록 신호를 보낸 뒤, 반복버튼은 사라집니다.

전체 코드 확인하기

블록이 잘 조립되었는지 확인하고, 시작하기 버튼을 눌러 실행해 봅시다.

운동 시간을 계산해 주는 프로그램을 만들어 보니 어떤가요?
꽤 유용하게 사용할 수 있겠죠? 그런데 프로그램이 좀 밋밋하네요.
배경을 바꾸고 오브젝트를 추가해 좀 더 멋지게 꾸며 보세요.

 엄지, 꼼지 오브젝트를 추가하고, 프로그램의 이름을 알 수 있도록 제목을 달아 주세요.

Tip 엄지와 꼼지 오브젝트는 완성 작품에서 다운로드 받아서 사용하세요.

획득! 모자

미션을 해결했다면, 이제 당신의 탐험가는
뜨거운 햇볕을 가려 줄 '모자' 아이템을 얻었습니다.
정답은 129쪽에서 확인해 보세요!

3장
번개가 치는 곳까지 거리는?

번개가 치는 곳을 알면 벼락도 피할 수 있을 거예요.
번개가 치는 곳까지 거리를 계산하는 프로그램은 어떻게 만들까요?

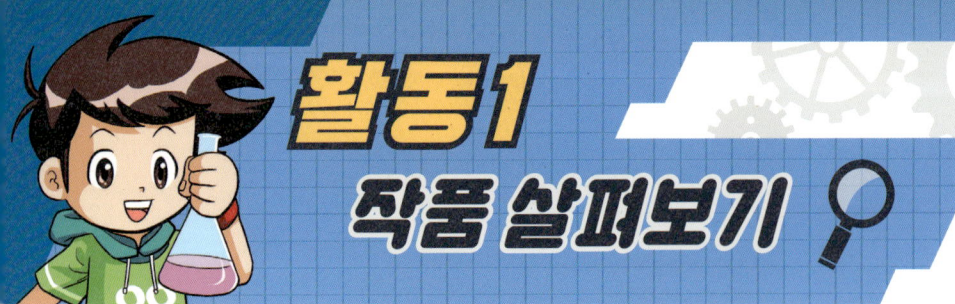

완성 작품 구성 미리보기

다음 주소 https://goo.gl/9ImWo4 로 들어가면 완성 작품이 있습니다.
작품명은 '생활과학_03장'으로, 엔트리 사이트 공유하기에서 'Whycoding4'를 검색해도 작품을 볼 수 있습니다.

미리보기 QR코드로도 작품을 볼 수 있어요.

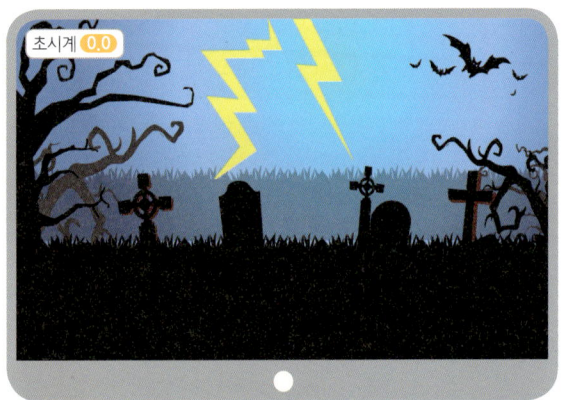

Step 1 어두운 밤하늘에 번개가 치면, 초시계가 작동을 시작합니다.

Step 2 일정 시간이 지나면 천둥소리가 들립니다.

Step 3 천둥소리가 들리면 초시계가 멈춥니다.

Step 4 박사님이 나타나 번개가 친 곳의 거리를 알려 줍니다.

오브젝트 배치하기

1 '오브젝트 추가하기 ▶ 배경 ▶ 자연 ▶ 무덤'을 선택해 배경을 만듭니다.

2 '오브젝트 추가하기 ▶ 환경 ▶ 자연 ▶ 번개(2)'를 선택해 오브젝트를 추가하고, 오브젝트 목록에서 위치와 크기를 바꿉니다.

▶ 번개(2)의 X좌표를 -49, Y좌표를 13, 크기를 170으로 바꿉니다.

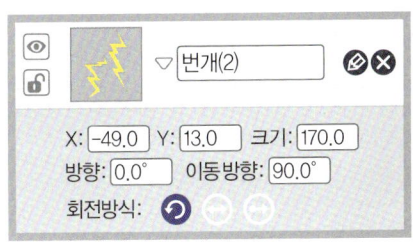

3 '오브젝트 추가하기 ▶ 사람 ▶ 전체 ▶ 괴짜박사'를 선택해 오브젝트를 추가하고, 오브젝트 목록에서 위치를 바꿉니다.

▶ 괴짜박사의 X좌표를 190, Y좌표를 -70으로 바꿉니다.

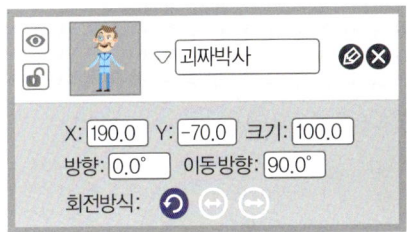

4 적절하게 배치되었는지 확인합니다.

코딩의 가장 큰 장점은 내 마음대로 만들 수 있다는 거죠. 무덤 배경과 괴짜박사 오브젝트를 마음에 드는 다른 것으로 바꿔도 상관없습니다.

Step 1 만들기

프로그램이 시작되고, 잠시 뒤 밤하늘에 번개가 치면 초시계가 작동을 시작합니다.

1 시작 블록꾸러미에서 `시작하기 버튼을 클릭했을 때` 를 끌어다 놓습니다.

2 생김새 블록꾸러미에서 `모양 숨기기` 를 끌어다 연결합니다.
▶ 처음에 프로그램이 시작되면 번개가 보이지 않습니다.

3 흐름 블록꾸러미에서 `2 초 기다리기` 를 끌어다 연결하고, 1초로 바꿉니다.
▶ 번개가 1초 동안은 화면에 나타나지 않게 시간을 주는 것입니다.

4 움직임 블록꾸러미에서 `x: 0 y: 0 위치로 이동하기` 를 끌어다 연결하고,
계산 블록꾸러미에서 `0 부터 10 사이의 무작위 수` 를 두 번 끌어다
`0` 부분에 각각 끼워 넣습니다.

5 x좌표의 앞쪽 `0` 은 −240으로, 뒤쪽 `10` 은 240으로 바꾸고,
y좌표의 앞쪽 `0` 은 −130로, 뒤쪽 `10` 은 130으로 바꿉니다.
▶ 번개가 등장하는 위치를 일정하게 정해 두면 재미가 없겠죠?
어디에 등장할지 알 수 없도록 위치를 무작위 수로 정한 것입니다.

> **잠깐!**
> 무작위 수는 한마디로 마음대로 나오는 수를 말합니다. 주사위의 경우, 1부터 6이라는 범위만 정해져 있고 주사위를 던지면 임의로 숫자가 나오지요? 이것과 같은 것입니다. 무작위 수는 게임이나 애니메이션 등 다양한 프로그램을 만들 때 활용할 수 있습니다.

6 생김새 블록꾸러미에서 `모양 보이기` 를 끌어다 연결합니다.

7 계산 블록꾸러미에서 `초시계 시작하기` 를 끌어다 연결합니다.
  ▶ 번개가 나타나면 초시계가 시간을 재기 시작합니다.

번개가 친 뒤 어느 정도 시간이 지나면 천둥소리가 납니다.

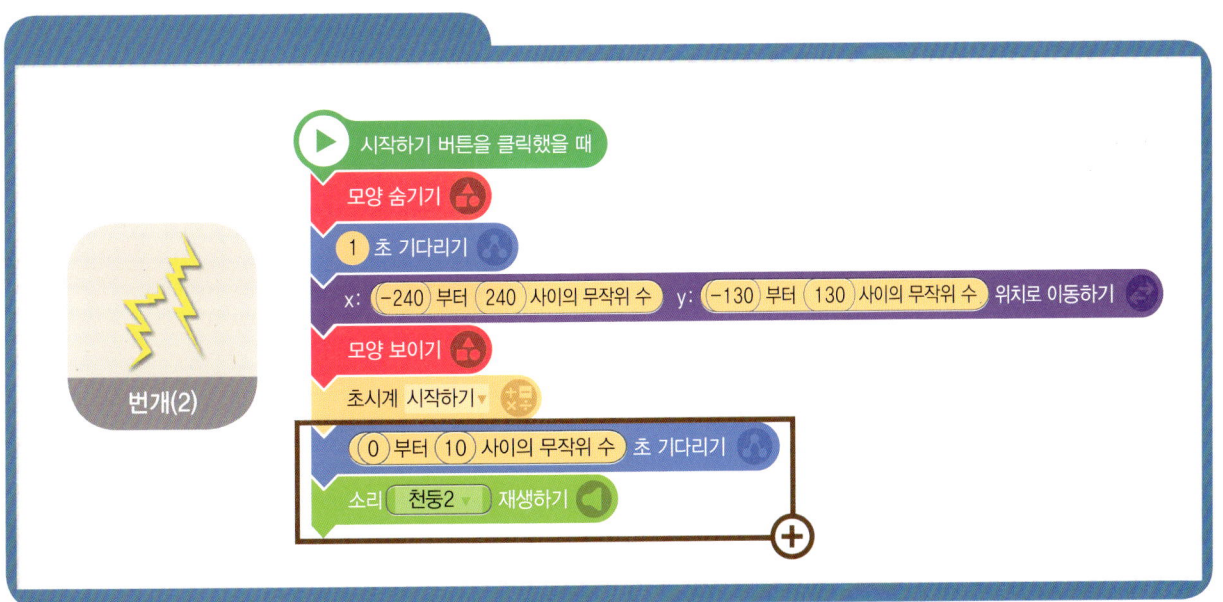

1 흐름 블록꾸러미에서 `2 초 기다리기` 를 끌어다 연결합니다.

2  **계산** 블록꾸러미에서 `0 부터 10 사이의 무작위 수` 를 끌어다 `2` 부분에 끼워 넣습니다.

3 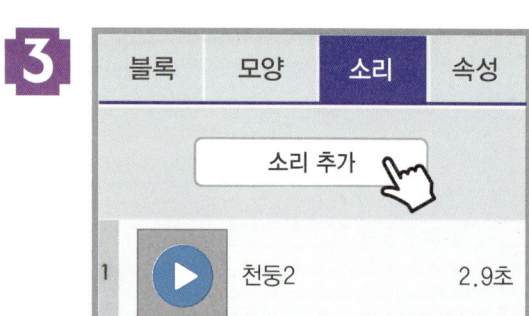 `소리` 탭에서 '소리 추가'를 클릭하고, '천둥2' 소리를 선택해 적용합니다.

4 🔊 **소리** 블록꾸러미에서  를 끌어다 연결합니다.

▶ 번개가 나타난 지 0초부터 10초 사이에, 무작위로 천둥소리가 들립니다.

🖱️ Step3 만들기

천둥소리가 들리면 초시계가 멈춰 시간을 알 수 있습니다.

1 ➕ 계산 블록꾸러미에서 「초시계 시작하기」 를 끌어다 연결하고,
▼를 클릭해 '정지하기'를 선택합니다.

▶ 정지된 초시계가 나타내는 시간은 번개가 화면에 보인 뒤 천둥소리가 들릴 때까지의 시간입니다. 번개가 친 곳까지의 거리를 계산하는 데 필요한 가장 중요한 자료입니다.

2 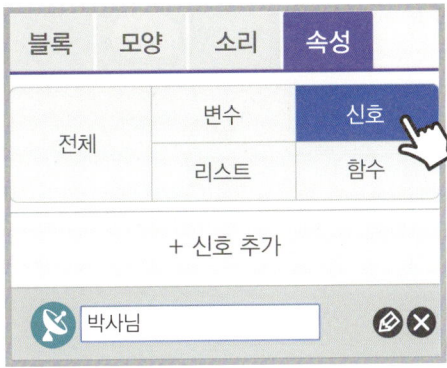 속성 탭에서 '신호'를 선택하고, '신호 추가'를 클릭해 '박사님' 신호를 만듭니다.

초시계가 멈추면 박사님이 등장하도록 신호를 보내는구나.

3 시작 블록꾸러미에서  를 끌어다 연결합니다.

 **Step4 만들기**

박사님은 처음에는 보이지 않다가 번개가 치고 천둥소리가 난 뒤 등장해 번개가 친 곳까지의 거리를 알려 줍니다.

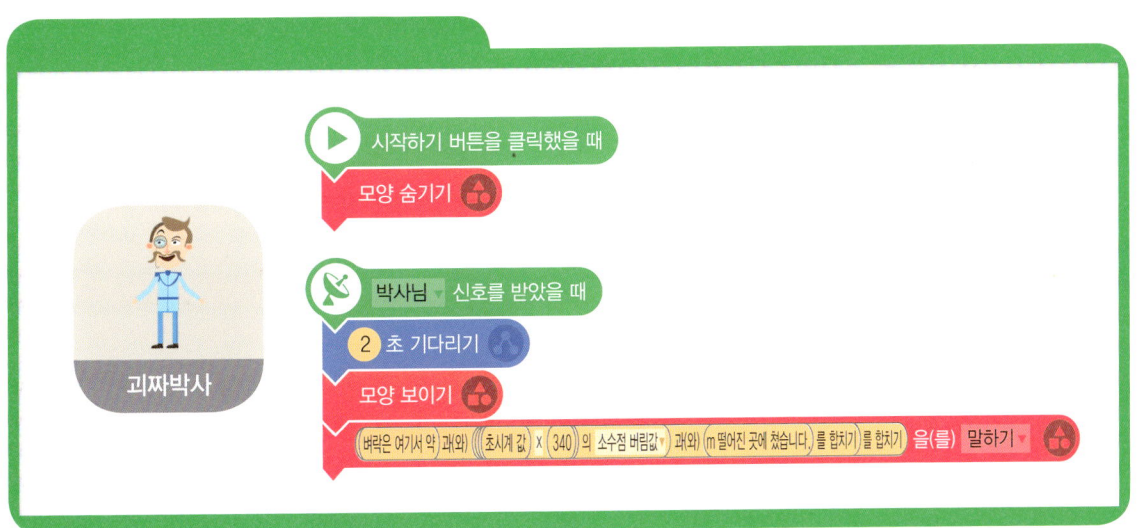

1 ▶ 시작 블록꾸러미에서 시작하기 버튼을 클릭했을 때 를 끌어다 놓습니다.

2 ▶ 생김새 블록꾸러미에서 모양 숨기기 를 끌어다 연결합니다.
▶프로그램이 시작되었을 때는 괴짜박사가 보이지 않습니다.

3 ▶ 시작 블록꾸러미에서 박사님 신호를 받았을 때 를 끌어다 놓습니다.

4 ▶ 흐름 블록꾸러미에서 2 초 기다리기 를 끌어다 연결합니다.
▶천둥소리가 들린 뒤 박사님이 등장하기까지 약간의 시간을 주는 것입니다.

5 ▶ 생김새 블록꾸러미에서 모양 보이기 를 끌어다 연결합니다.
▶박사님 신호를 받으면 괴짜박사가 화면에 나타납니다.

6 ▶ 생김새 블록꾸러미에서 안녕! 을(를) 말하기 를 끌어다 연결합니다.

> **잠깐!**
> 번개가 친 곳까지의 거리는 어떻게 계산하면 좋을까요? 빛은 1초에 30만 km를 이동합니다. 번개가 번쩍이는 동시에 우리 눈에 보이는 것과 마찬가지지요. 반면에 소리는 1초에 340m를 이동하기 때문에, 번개가 나타난 뒤 천둥소리가 들릴 때까지의 시간(초)에 소리의 속도를 곱해 주면 번개가 치는 곳까지의 거리를 계산할 수 있습니다.
>
> **번개가 친 곳의 거리(m) = 번개가 친 뒤 천둥소리가 들릴 때까지의 시간(s) X 340m/s**

7 ▶ 계산 블록꾸러미에서 안녕! 과(와) 엔트리 를 합치기 를 끌어다 안녕! 부분에 끼워 넣고, 앞쪽의 안녕! 을 '번개는 여기서 약'으로 바꿉니다.

8 ▶ 계산 블록꾸러미에서 한 번 더 안녕! 과(와) 엔트리 를 합치기 를 끌어다 뒤쪽 엔트리 부분에 끼워 넣습니다.

9 ▶ 번개는 여기서 약 과(와) 안녕! 과(와) 엔트리 를 합치기 를 합치기 의 뒤쪽 엔트리 를 'm 떨어진 곳에 쳤습니다.'로 바꿉니다.

10 ▶ 계산 블록꾸러미에서 10 의 제곱 을 끌어다 앞쪽 안녕! 부분에 끼워 넣고, ▼를 클릭해 '소수점 버림값'을 선택합니다.
▶값이 소수점 이하로 나오면 소수점 이하의 값들은 버립니다.

11 ➗ 계산 블록꾸러미에서 (10) × (10) 을 끌어다 (10) 부분에 끼워 넣습니다. (초시계 값) 을 끌어다 앞쪽 (10) 부분에 끼워 넣고, 뒤쪽 (10) 은 340으로 바꿉니다.

계산식 코딩이 복잡해서 좀 어렵긴 해도 순서대로 차근차근 따라 해서 완성하니까 엄청 뿌듯하다!

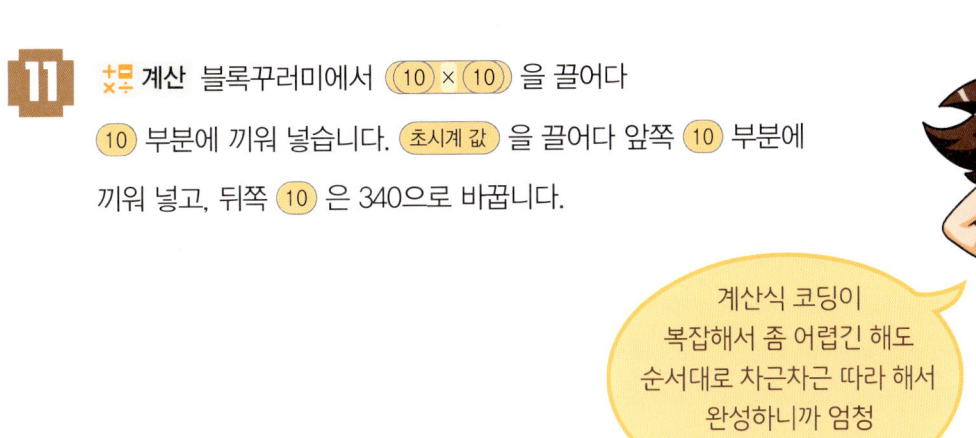

전체 코드 확인하기

블록이 잘 조립되었는지 확인하고, 시작하기 버튼을 눌러 실행해 봅시다.

번개가 치는 곳까지의 거리를 알려 주는 프로그램은 일상생활에서도 매우 유용하게 활용할 수 있을 것입니다. 그런데 이 프로그램에 쓰인 무작위 수를 잘 활용하면 프로그램을 더 재미있게 만들 수 있습니다.

 무작위 수를 이용해서 박사님의 등장 위치가 달라지도록 코딩해 보세요.

획득!
신발과 장갑

 미션을 해결했다면, 이제 당신의 탐험가는 '신발'과 '장갑' 아이템을 얻었습니다.

정답은 129쪽에서 확인해 보세요!

4장
자율 주행 자동차

자동차의 자율 주행 시스템은 어떻게 작동되는 걸까요?
코딩을 통해 스스로 속도를 조절하는 자동차를 만들어 봅시다.

 완성 작품 구성 미리보기

다음 주소 https://goo.gl/A5emXt 로 들어가면 완성 작품이 있습니다. 작품명은 '생활과학_04장'으로, 엔트리 사이트 공유하기에서 'Whycoding4'를 검색해도 작품을 볼 수 있습니다.

미리보기 QR코드로도
작품을 볼 수 있어요.

 Step 1 프로그램이 시작되면 아직 자동차가 없는 도로의 모습이 보입니다.

Step 2 빨간색 자동차가 왼쪽에서 나타나 도로를 따라 이동합니다.

 Step 3 잠시 뒤, 자율 주행 자동차가 도로에 나타납니다.

 Step 4 자율 주행 자동차가 일정한 거리를 유지하며 빨간 자동차를 따라갑니다.

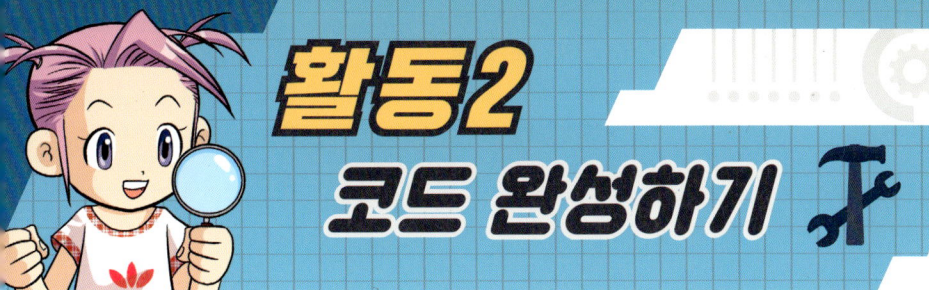

오브젝트 배치하기

1 '오브젝트 추가하기▶배경▶실외▶마을'을 선택해 배경을 만듭니다.

2 '오브젝트 추가하기▶탈것▶땅▶빨간 자동차'를 선택해 오브젝트를 추가하고, 오브젝트 목록에서 위치와 크기를 바꿉니다.

▶빨간 자동차의 X좌표를 −240, Y좌표를 −76, 크기를 46으로 바꿉니다.

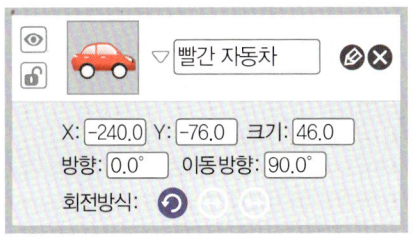

3 '오브젝트 추가하기▶ 파일 업로드 탭▶파일추가'를 선택해 '자율 주행 자동차' 오브젝트를 추가하고, 오브젝트 목록에서 위치를 바꿉니다.

▶자율 주행 자동차의 X좌표를 −240, Y좌표를 −80으로 바꿉니다.

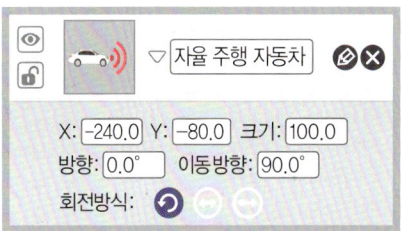

4 적절하게 배치되었는지 확인합니다.

잠깐!

엔트리 작품에 사용된 오브젝트는 내 컴퓨터에 저장할 수 있습니다. 모양 탭에 들어가 오브젝트를 선택한 뒤, 마우스 오른쪽 버튼을 눌러 'PC에 저장'을 클릭합니다. 완성 작품 속 자율 주행 자동차 오브젝트도 저장할 수 있으니, 다운로드 받은 다음 파일을 추가해 사용하면 됩니다.

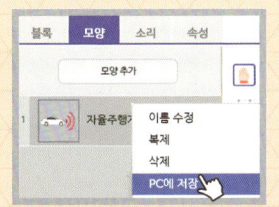
내 컴퓨터에 오브젝트 저장하기

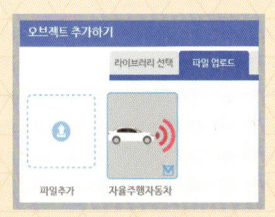
내 컴퓨터의 오브젝트 추가하기

Step 1 만들기

프로그램이 시작되면 아직 도로에 빨간 자동차와 자율 주행 자동차는 보이지 않습니다.

1 시작 블록꾸러미에서 시작하기 버튼을 클릭했을 때 를 끌어다 놓습니다.

2 움직임 블록꾸러미에서 x: 0 y: 0 위치로 이동하기 를 끌어다 연결하고, '빨간 자동차'의 경우는 x좌표를 -240, y좌표를 -76으로, '자율 주행 자동차'의 경우는 x좌표를 -240, y좌표를 -80으로 바꿉니다.
▶ x좌푯값 -240은 화면의 왼쪽 끝을 의미합니다.

3 생김새 블록꾸러미에서 모양 숨기기 를 끌어다 연결합니다.
▶ 프로그램이 시작할 때는 도로에 아무것도 보이지 않습니다.

Step2 만들기

빨간 자동차가 왼쪽 화면에서 나타나 도로를 따라 달립니다.

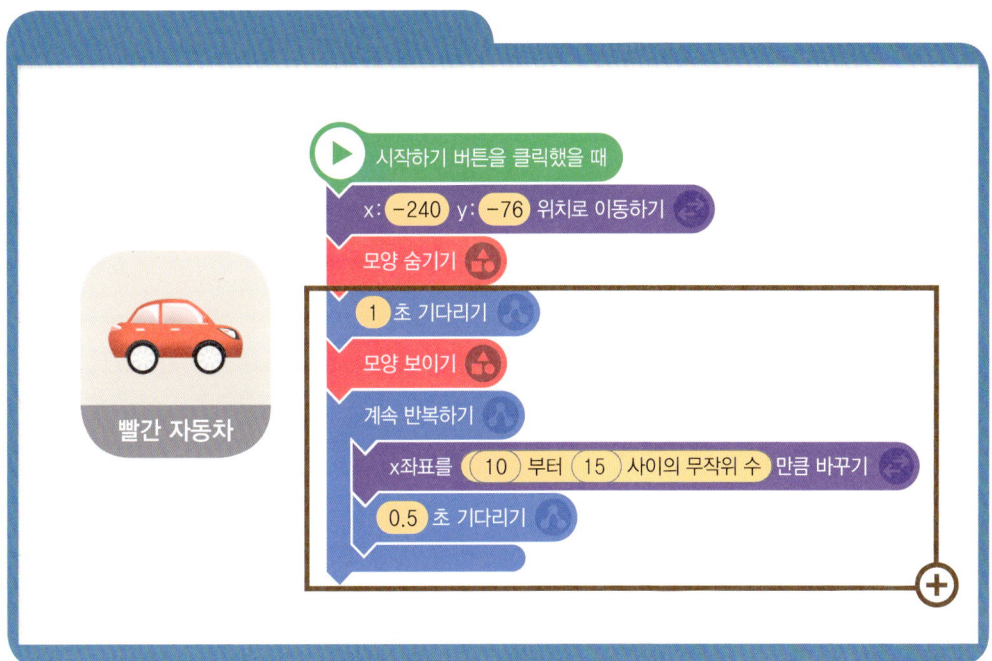

1 흐름 블록꾸러미에서 `2 초 기다리기` 를 끌어다 연결하고, 1초로 바꿉니다.
▶ 기다리는 시간은 원하는 대로 바꿔도 괜찮습니다.

2 생김새 블록꾸러미에서 `모양 보이기` 를 끌어다 연결합니다.

3 흐름 블록꾸러미에서 `계속 반복하기` 를 끌어다 연결합니다.

4 움직임 블록꾸러미에서 `x좌표를 10 만큼 바꾸기` 를 끌어다 반복 블록 안쪽에 연결하고, 계산 블록꾸러미에서 `0 부터 10 사이의 무작위 수` 를 끌어다 10 부분에 끼워 넣은 다음, 앞쪽 0 은 10, 뒤쪽 10 은 15로 바꿉니다.
▶ 자동차는 직선 주행을 하기 때문에 x좌푯값만 바꿉니다. 무작위 수를 이용해 빨간 자동차의 속도가 일정하지 않고 무작위로 변하게 합니다.

5 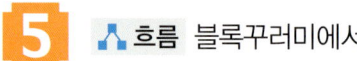 흐름 블록꾸러미에서 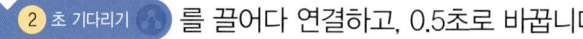 를 끌어다 연결하고, 0.5초로 바꿉니다.

왜 빨간 자동차의 속도를 무작위 수로 한 거야?

자율 주행 자동차는 앞차 속도에 따라 알아서 속도를 줄이는 자동차잖아. 앞차가 자꾸 속도를 바꿔 줘야 제대로 작동하는지 알 수 있지 않겠어?

Step3 만들기

자율 주행 자동차가 왼쪽 화면에서 나타납니다.

1 흐름 블록꾸러미에서 2 초 기다리기 를 끌어다 연결하고, 8초로 바꿉니다.
▶ 빨간 자동차가 출발하고 8초 후에 출발하게 됩니다.

2 생김새 블록꾸러미에서 모양 보이기 를 끌어다 연결합니다.

잠깐!

오브젝트의 중심점은 보통 한가운데 있습니다. 자율 주행 자동차 역시 처음 오브젝트를 불러오면 차 중간에 중심점이 있지요. 이 중심점을 센서 가장 앞쪽으로 옮겨 주어야 합니다. 그래야 센서가 앞차에 닿자마자 속도를 조절하게 됩니다.

오브젝트 중심점 이동

중심점을 이동하지 않으면 앞차와 부딪힌 다음에야 앞차와 거리를 조절하겠구나.

Step4 만들기

자율 주행 자동차는 도로를 달리다가 앞차와 거리가 너무 가까워지면 자연스럽게 속도를 줄이고 일정한 간격을 유지하며 따라갑니다.

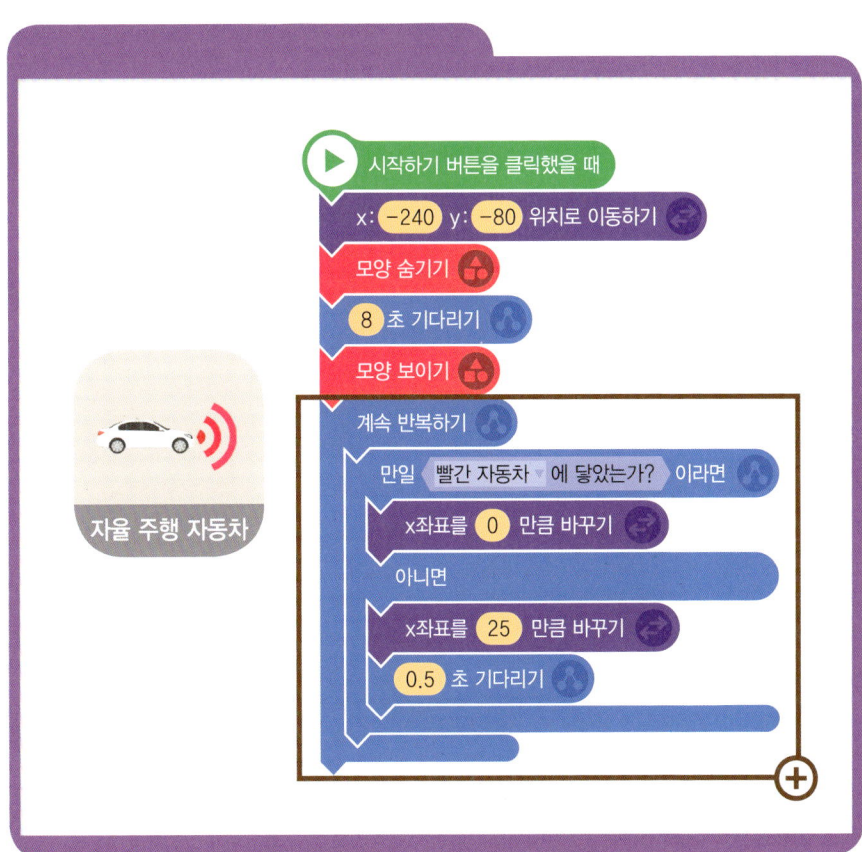

1 ♠ 흐름 블록꾸러미에서  를 끌어다 연결합니다.

2 ♠ 흐름 블록꾸러미에서 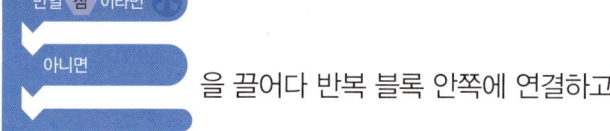 을 끌어다 반복 블록 안쪽에 연결하고,

✓ 판단 블록꾸러미에서 `마우스포인터 에 닿았는가?` 를 끌어다 `참` 부분에 끼워 넣습니다. 그리고 ▼를 클릭해 '빨간 자동차'를 선택합니다.

3 ⇄ 움직임 블록꾸러미에서 `x좌표를 10 만큼 바꾸기` 를 끌어다 조건 블록 안쪽에 연결하고, 0으로 바꿉니다.

▶만약 빨간 자동차에 자율 주행 자동차의 센서가 닿게 되면, x좌표를 0만큼 바꾸게 됩니다. 즉, 일시적으로 멈추는 것입니다.

4 ⇄ 움직임 블록꾸러미에서 `x좌표를 10 만큼 바꾸기` 를 끌어다 `아니면` 아래에 연결하고, 25로 바꿉니다.

▶만약 빨간 자동차에 자율 주행 자동차의 센서가 닿지 않으면, 자동차는 x좌표를 따라 25만큼씩 계속 이동하게 됩니다.

5 ♠ 흐름 블록꾸러미에서 `2 초 기다리기` 를 끌어다 연결하고, 0.5초로 바꿉니다.

> **잠깐!**
>
> 코딩에 정답이란 없습니다. 앞에서 설명한 것과 똑같이 코딩해도 되지만 다른 블록을 사용해서 코딩해도 원하는 프로그램을 만들 수 있습니다. 하지만 어떤 식으로 코딩을 하든 잊지 말아야 할 중요한 기본이 있습니다. 바로 블록 조립은 최대한 짧게 해야 한 다는 것입니다. 그래야 어느 부분에서 실수했는지, 뭐가 잘못됐는지 쉽게 찾아낼 수 있기 때문입니다.

전체 코드 확인하기

블록이 잘 조립되었는지 확인하고, 시작하기 버튼을 눌러 실행해 봅시다.

나도 자율 주행 자동차 타 보고 싶다!

자율 주행 자동차를 만들어 보니 어떤가요? 생각보다 어렵지 않았죠? 그럼, 여기서 한 단계 더 나아가 자율 주행 자동차를 업그레이드시켜 볼까요?

미션 자율 주행 자동차의 센서가 앞차에 닿으면, 위험 신호를 알려 주도록 업그레이드시켜 보세요.

Tip 아래 소리 블록을 활용해서 어떻게 코딩할지 생각해 보세요.

소리 위험 경고 재생하고 기다리기

획득! 만능 칼

 미션을 해결했다면, 이제 당신의 탐험가는 억센 나무줄기도 자를 수 있는 '만능 칼' 아이템을 얻었습니다.

정답은 130쪽에서 확인해 보세요!

5장 난방의 원리

난방 장치를 켜면 공기가 데워져 방 전체가 따뜻해지지요.
이런 대류 현상의 원리를 프로그램으로 나타내 봅시다.

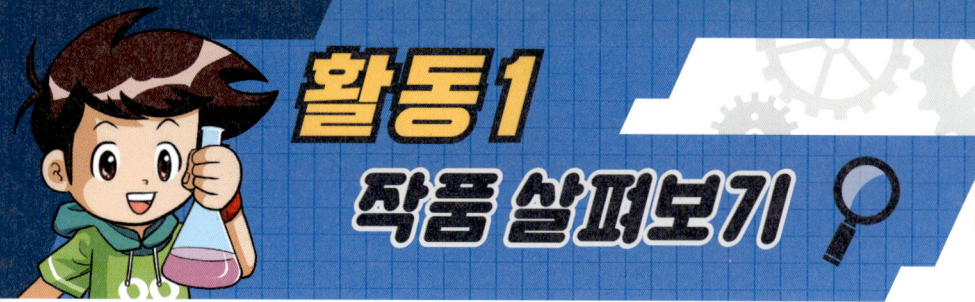

 완성 작품 구성 미리보기

다음 주소 https://goo.gl/Fe4TpN 로 들어가면 완성 작품이 있습니다. 작품명은 '생활과학_05장'으로, 엔트리 사이트 공유하기에서 'Whycoding4'를 검색해도 작품을 볼 수 있습니다.

미리보기 QR코드로도 작품을 볼 수 있어요.

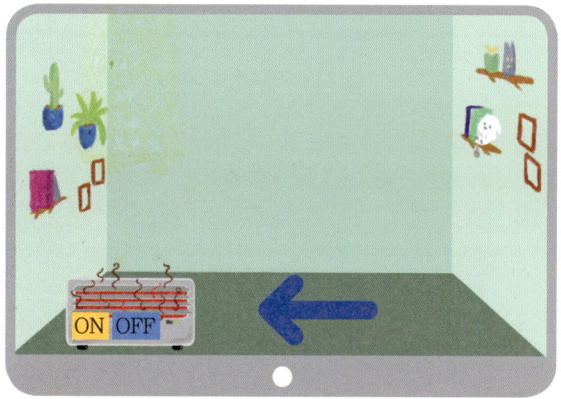

 Step 1 히터를 켜면 차가운 공기(파란색 화살표)가 나타나고, 히터를 끄면 사라집니다.

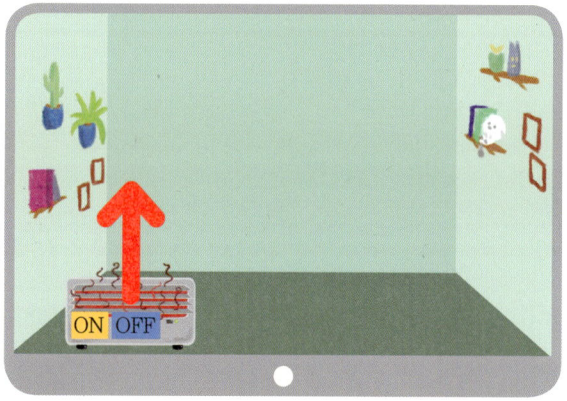

Step 2 차가운 공기가 히터에 닿으면 데워져 따뜻한 공기(빨간색 화살표)로 바뀝니다.

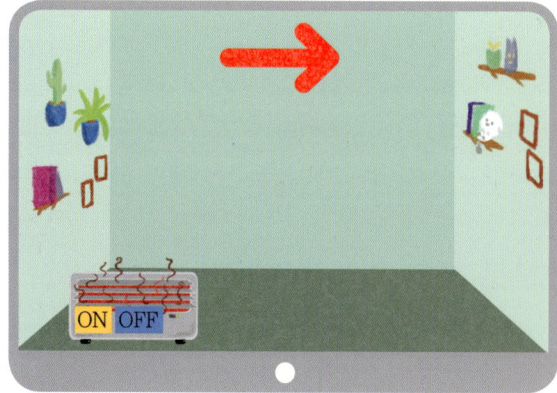

 Step 3 따뜻한 공기가 방 안을 따라 이동합니다.

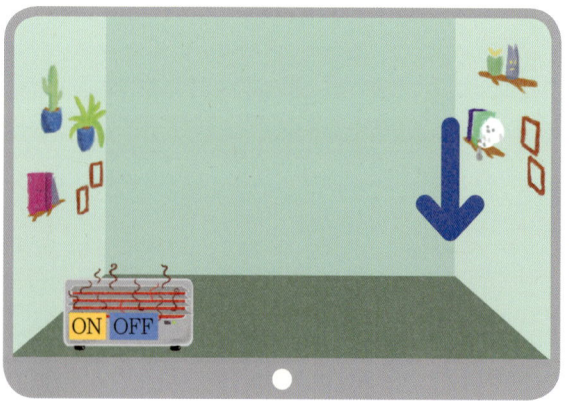

 Step 4 차가워진 공기가 다시 아래로 내려오고 이 과정이 계속 반복됩니다.

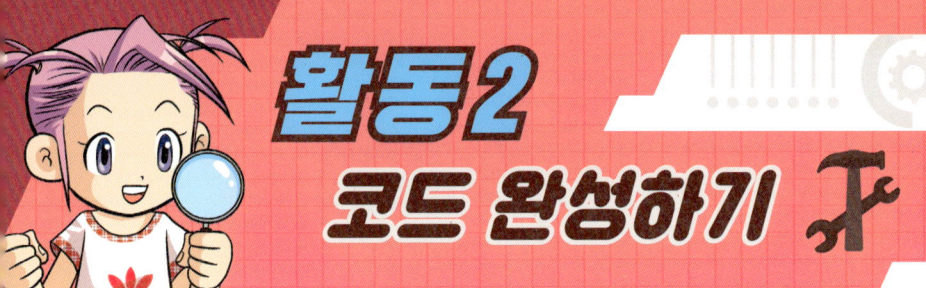

활동 2 코드 완성하기

🖱️ 오브젝트 배치하기

1 '오브젝트 추가하기 ▶ 배경 ▶ 실내 ▶ 초록 방'을 선택해 배경을 만듭니다.

2 '오브젝트 추가하기 ▶ 물건 ▶ 생활 ▶ 히터'를 선택해 오브젝트를 추가하고, 모양 탭에서 모양을 바꿉니다.

▶ '히터_꺼짐' 모양을 선택합니다.

3 오브젝트 목록에서 위치를 바꿉니다.

▶ 히터의 X좌표를 −135, Y좌표를 −90으로 바꿉니다.

4 '오브젝트 추가하기 ▶ 글상자 탭'을 선택한 뒤, 'ON'을 글상자 칸에 쓰고 적용합니다.

▶ 배경색을 노란색으로 선택합니다.

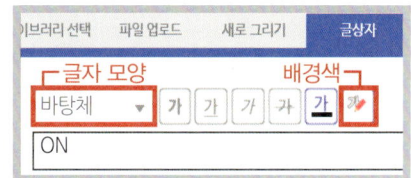

5 오브젝트 목록에서 글상자의 이름과 위치, 크기를 바꿉니다.

▶ 글상자의 이름을 '히터 켜기'로 바꿉니다.
▶ 글상자의 X좌표를 −170, Y좌표를 −110으로 바꿉니다.
▶ 글상자의 크기를 25로 바꿉니다.

6 '오브젝트 추가하기 ▶ 글상자 탭'을 선택한 뒤, 'OFF'를 글상자 칸에 쓰고 적용합니다. 오브젝트 목록에서 글상자의 이름과 위치, 크기를 바꿉니다.

▶ 배경색을 파란색으로 선택합니다.
▶ 글상자의 이름을 '히터 끄기'로 바꿉니다.
▶ 글상자의 X좌표를 −130, Y좌표를 −110으로 바꿉니다.
▶ 글상자의 크기를 30으로 바꿉니다.

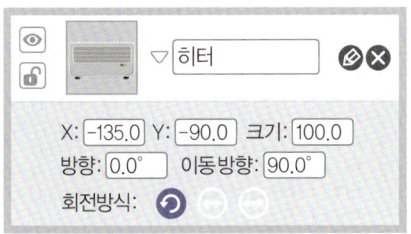

7 '오브젝트 추가하기'▶ 파일 업로드 탭▶파일추가'를 선택해 '차가운 공기' 오브젝트를 추가하고, 오브젝트 목록에서 이름과 위치를 바꿉니다.

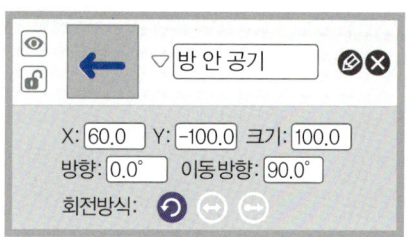

▶차가운 공기의 이름을 '방 안 공기'로 바꿉니다.
▶방 안 공기의 X좌표를 60, Y좌표를 −100으로 바꿉니다.

8 오브젝트 목록에서 '방 안 공기'를 선택한 뒤, 모양 탭▶모양 추가▶ 파일 업로드 탭▶파일추가'를 선택해 '따뜻한 공기' 오브젝트를 추가합니다.

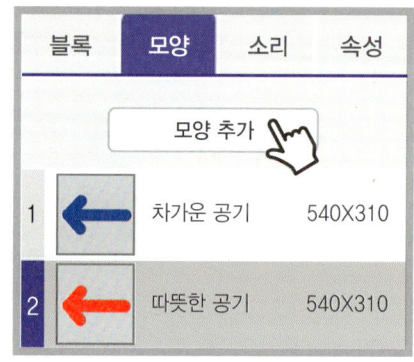

차가운 공기, 따뜻한 공기 오브젝트는 완성 작품에서 다운로드 받아서 사용하세요. 아니면 엔트리의 그림판에서 직접 그려도 됩니다.

Step 1 만들기-①

ON 버튼을 클릭하면 히터를 켜라는 신호를 보냅니다.

1

2 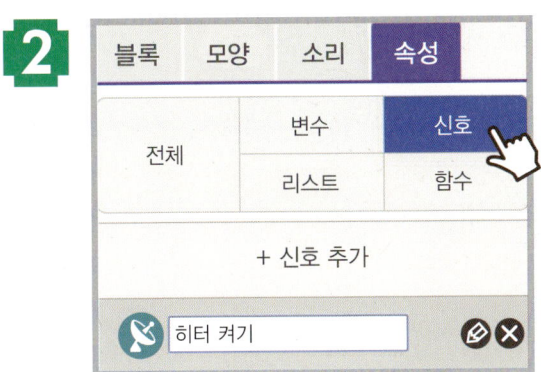 속성 탭에서 '신호'를 선택하고, '신호 추가'를 클릭해 '히터 켜기' 신호를 만듭니다.

3

Step 1 만들기-②

OFF 버튼을 클릭하면 히터를 끄라는 신호를 보냅니다.

1

2 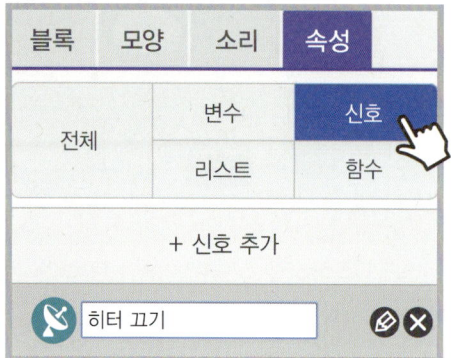 속성 탭에서 '신호'를 선택하고, '신호 추가'를 클릭해 '히터 끄기' 신호를 만듭니다.

3  ▶시작 블록꾸러미에서 히터 끄기 신호 보내기 를 끌어다 연결합니다.

Step 1 만들기 - ③

히터 켜기 신호를 받으면 히터가 켜지고, 히터 끄기 신호를 받으면 히터가 꺼집니다.

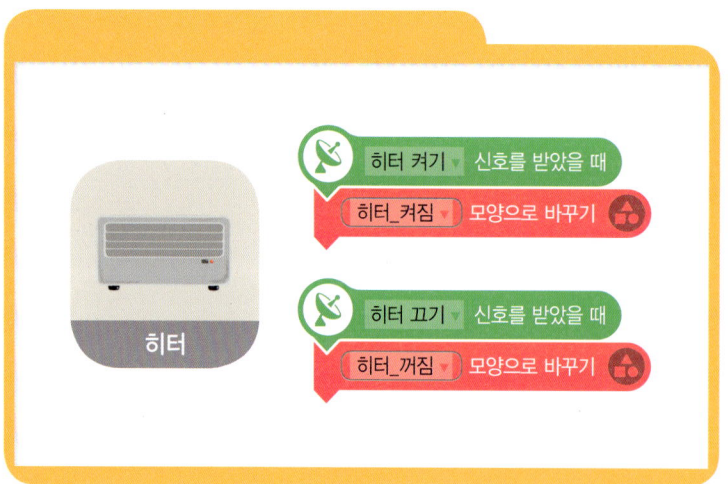

1 ▶시작 블록꾸러미에서 히터 끄기 신호를 받았을 때 를 끌어다 놓고,
▼를 클릭해 '히터 켜기'를 선택합니다.

2 생김새 블록꾸러미에서 `히터_켜짐 모양으로 바꾸기` 를 끌어다 연결합니다.

▶ ON 버튼을 눌렀을 때 히터가 켜졌다는 걸 보여 주려고 히터가 켜진 모양으로 바꿔 주는 것입니다.

3 시작 블록꾸러미에서 `히터 끄기 신호를 받았을 때` 를 끌어다 놓습니다.

4 생김새 블록꾸러미에서 `히터_켜짐 모양으로 바꾸기` 를 끌어다 연결하고, ▼를 클릭해 '히터_꺼짐'을 선택합니다.

▶ 마찬가지로 OFF 버튼을 눌렀을 때 히터가 꺼졌다는 걸 보여 주려고 꺼진 모양으로 바꿔 주는 것입니다.

Step 1 만들기 - ④

히터가 켜지면 차가운 공기(파란색 화살표)가 나타나고, 히터가 꺼지면 공기가 사라집니다.

1 시작 블록꾸러미에서 `▶ 시작하기 버튼을 클릭했을 때` 를 끌어다 놓습니다.

2 생김새 블록꾸러미에서 `차가운 공기 모양으로 바꾸기` 를 끌어다 연결합니다.
▶히터를 켜기 전 방 안 공기는 차가운 공기 모양에서 시작합니다.

3 생김새 블록꾸러미에서 `모양 숨기기` 를 끌어다 연결합니다.
▶프로그램이 시작되더라도 히터가 켜지지 않으면 방 안 공기가 보이지 않습니다.

4 시작 블록꾸러미에서 `히터 끄기 신호를 받았을 때` 를 끌어다 놓고,
▼를 클릭해 '히터 켜기'를 선택합니다.
▶ON 버튼을 클릭하면 히터 켜기 신호를 받아 아래의 명령어가 실행됩니다.

5 흐름 블록꾸러미에서 `2 초 기다리기` 를 끌어다 연결하고, 1초로 바꿉니다.

6 생김새 블록꾸러미에서 `모양 보이기` 를 끌어다 연결합니다.
▶ON 버튼을 클릭하면 숨겨 두었던 방 안 공기가 1초 뒤에 화면에 나타납니다.

7 시작 블록꾸러미에서 `히터 끄기 신호를 받았을 때` 를 끌어다 놓습니다.
▶OFF 버튼을 클릭하면 히터 끄기 신호를 받아 아래의 명령어가 실행됩니다.

8 흐름 블록꾸러미에서 `처음부터 다시 실행하기` 를 끌어다 연결합니다.
▶히터 끄기 신호를 받으면 모든 프로그램은 처음 상태로 되돌아갑니다.
히터도 꺼짐 모양으로 바뀌고, 방 안 공기도 안 보이게 됩니다.

Step2 만들기

차가운 공기(파란색 화살표)는 히터 쪽으로 이동하다 히터에 닿으면 따뜻한 공기(빨간색 화살표)로 바뀝니다.

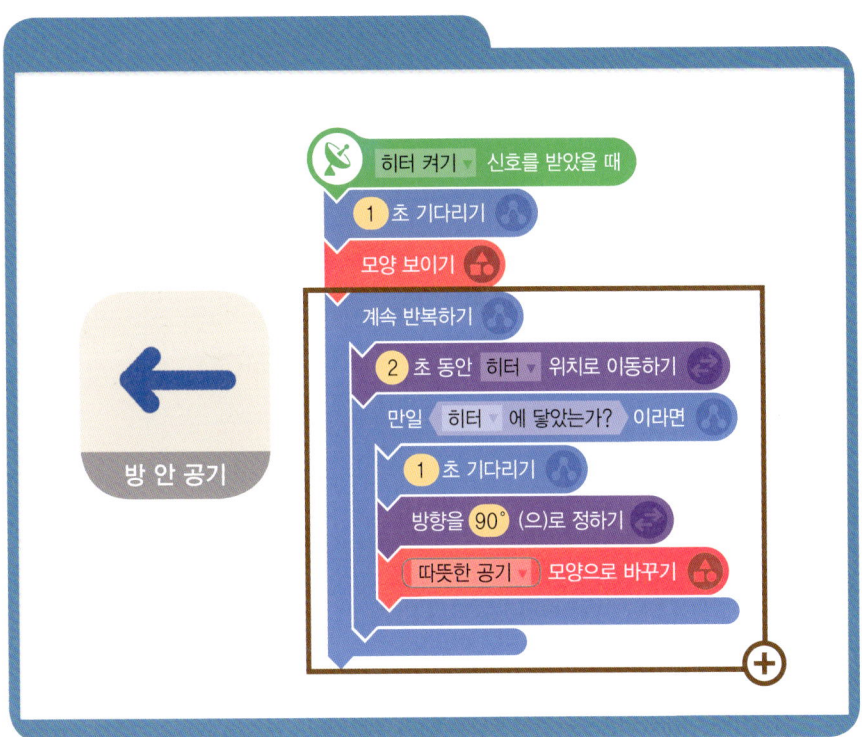

1 흐름 블록꾸러미에서 `계속 반복하기` 를 끌어다 연결합니다.

▶ 방 안 공기가 반복해서 대류하는 과정을 보여 주기 위해서입니다.

2 움직임 블록꾸러미에서 `2 초 동안 방 안 공기 위치로 이동하기` 를 끌어다 반복 블록 안쪽에 연결하고, ▼를 클릭해 '히터'를 선택합니다.

▶ 방 안 공기가 2초 동안 히터 위치로 이동합니다. 공기가 더 빨리 이동하게 하고 싶으면 이동 시간을 줄이면 됩니다.

3 흐름 블록꾸러미에서 `만일 참 이라면` 을 끌어다 연결합니다.

4 ✅ **판단** 블록꾸러미에서 `마우스포인터 에 닿았는가?` 를 끌어다 `참` 부분에 끼워 넣고, ▼를 클릭해 '히터'를 선택합니다.

▶ 방 안 공기가 히터에 닿았을 때만 아래의 명령어가 실행됩니다.

5 🔀 **흐름** 블록꾸러미에서 `2 초 기다리기` 를 끌어다 연결하고, 1초로 바꿉니다.

6 ↔ **움직임** 블록꾸러미에서 `방향을 90° (으)로 정하기` 를 끌어다 연결합니다.

▶ 방 안 공기가 데워져 위쪽으로 이동할 때 자연스럽게 이동하도록 방향을 바꿔 줍니다.

7 🎨 **생김새** 블록꾸러미에서 `차가운 공기 모양으로 바꾸기` 를 끌어다 연결하고, ▼를 클릭해 '따뜻한 공기'를 선택합니다.

▶ 차가운 공기인 파란색 화살표가 따뜻한 공기인 빨간색 화살표로 바뀌며, 방 안 공기가 히터로 데워졌다는 걸 보여 줍니다.

잠깐!

공기의 방향을 바꿔 주지 않으면 공기가 방 안을 이동하는 모습이 자연스럽지 않습니다. 방 안 공기의 움직임에 따라 방향을 계속 바꿔 주어야 합니다.

방향을 0° 그대로 두었을 때 / 방향을 90°로 바꿔 주었을 때
방향을 180°로 바꿔 주었을 때 / 방향을 270°로 바꿔 주었을 때

방향을 계속 0°로 두면 공기가 위로 올라갈 때도 ← 모양 그대로 올라가니까 이상한 거죠?

그래서 어색하지 않게 방향을 바꿔 주는 거야.

Step3 만들기

히터로 데워진 따뜻한 공기가 위로 올라가 천장을 따라 이동합니다.

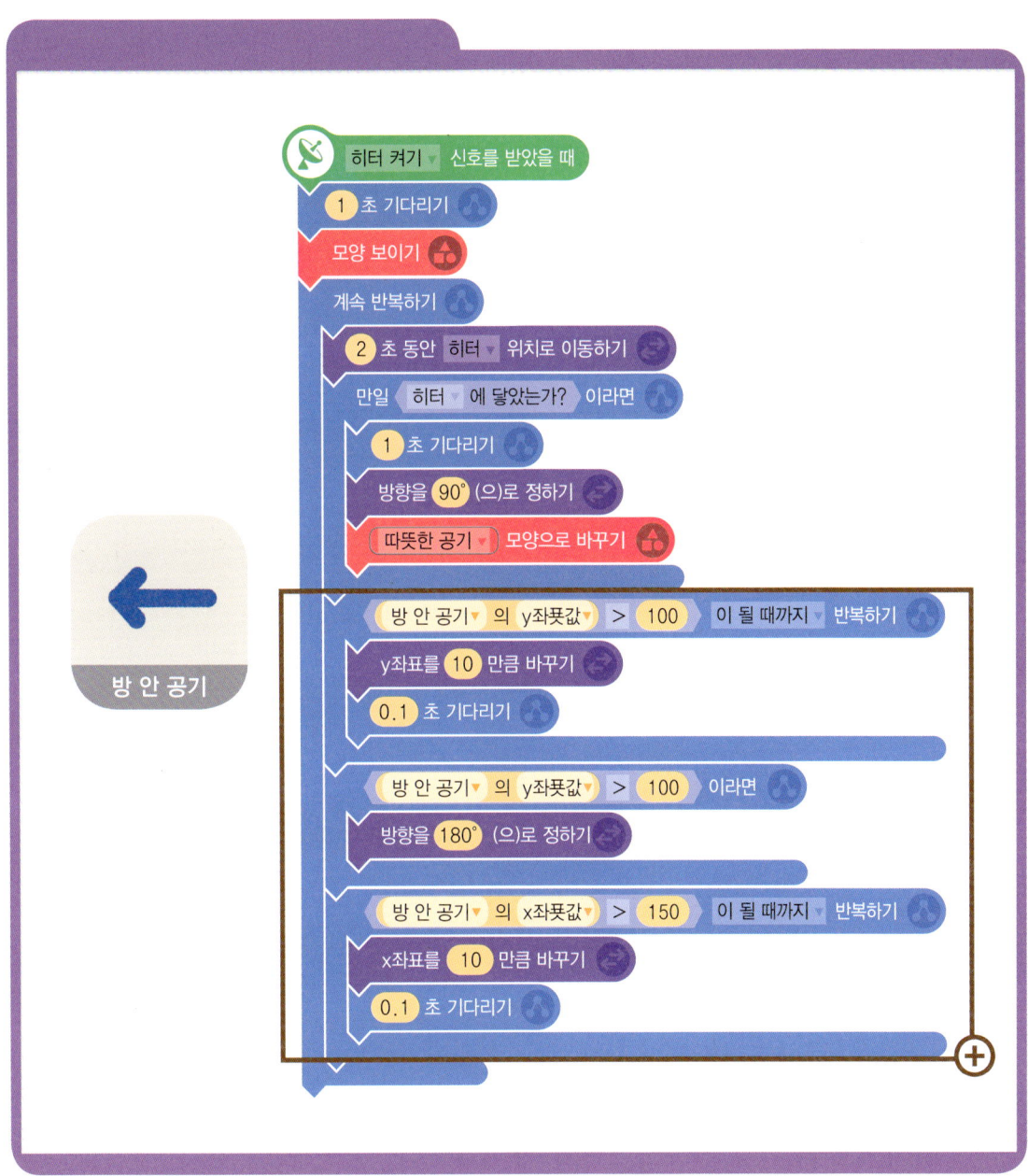

1 흐름 블록꾸러미에서 `참 이 될 때까지 반복하기` 를 끌어다 연결하고,
판단 블록꾸러미에서 `10 > 10` 을 끌어다 참 부분에 끼워 넣습니다.

2 ➕ 계산 블록꾸러미에서 `방 안 공기▼의 x좌푯값▼` 을 끌어다 앞쪽 `10` 부분에 끼워 넣고, ▼를 클릭해 'y좌푯값'을 선택합니다. 뒤쪽 `10` 은 100으로 바꿉니다.

▶ 방 안 공기의 y좌푯값이 100을 넘을 때까지 아래의 명령어가 반복됩니다.

3 ↔ 움직임 블록꾸러미에서 `y좌표를 10 만큼 바꾸기` 를 끌어다 연결합니다.

▶ 방 안 공기가 10만큼씩 위로 올라갑니다.

4 ⋏ 흐름 블록꾸러미에서 `2 초 기다리기` 를 끌어다 연결하고, 0.1초로 바꿉니다.

5 ⋏ 흐름 블록꾸러미에서 `만일 참 이라면` 을 끌어다 연결하고,

✓ 판단 블록꾸러미에서 `10 > 10` 을 끌어다 `참` 부분에 끼워 넣습니다.

6 ➕ 계산 블록꾸러미에서 `방 안 공기▼의 x좌푯값▼` 을 끌어다 앞쪽 `10` 부분에 끼워 넣고, ▼를 클릭해 'y좌푯값'을 선택합니다. 뒤쪽 `10` 은 100으로 바꿉니다.

7 ↔ 움직임 블록꾸러미에서 `방향을 90° (으)로 정하기` 를 끌어다 연결하고, 180°로 바꿉니다.

▶ 방 안 공기가 천장까지 도달하면 오른쪽으로 이동하기 위해 방향을 바꿉니다.

8 ⋏ 흐름 블록꾸러미에서 `참 이 될 때까지▼ 반복하기` 를 끌어다 연결하고,

✓ 판단 블록꾸러미에서 `10 > 10` 을 끌어다 `참` 부분에 끼워 넣습니다.

9 ➕ 계산 블록꾸러미에서 `방 안 공기▼의 x좌푯값▼` 을 끌어다 앞쪽 `10` 부분에 끼워 넣고, 뒤쪽 `10` 은 150으로 바꿉니다.

10 ↔ 움직임 블록꾸러미에서 `x좌표를 10 만큼 바꾸기` 를 끌어다 연결합니다.

11 ⋏ 흐름 블록꾸러미에서 `2 초 기다리기` 를 끌어다 연결하고, 0.1초로 바꿉니다.

Step4 만들기

공기가 천장을 따라 오른쪽 끝까지 이동하면 차가워져서 다시 아래로 내려옵니다.
히터를 끄지 않으면 이 과정이 계속 반복됩니다.

방 안 공기

- 히터 켜기 신호를 받았을 때
- 1 초 기다리기
- 모양 보이기
- 계속 반복하기
  - 2 초 동안 히터 위치로 이동하기
  - 만일 히터 에 닿았는가? 이라면
    - 1 초 기다리기
    - 방향을 90° (으)로 정하기
    - 따뜻한 공기 모양으로 바꾸기
  - 방 안 공기 의 y좌푯값 > 100 이 될 때까지 반복하기
    - y좌표를 10 만큼 바꾸기
    - 0.1 초 기다리기
  - 만일 방 안 공기 의 y좌푯값 > 100 이라면
    - 방향을 180° (으)로 정하기
  - 방 안 공기 의 x좌푯값 > 150 이 될 때까지 반복하기
    - x좌표를 10 만큼 바꾸기
    - 0.1 초 기다리기
  - 만일 방 안 공기 의 x좌푯값 > 150 이라면
    - 방향을 270° (으)로 정하기
    - 차가운 공기 모양으로 바꾸기
  - 방 안 공기 의 y좌푯값 < -100 이 될 때까지 반복하기
    - y좌표를 -10 만큼 바꾸기
    - 0.1 초 기다리기
  - 만일 방 안 공기 의 y좌푯값 < -100 이라면
    - 방향을 0° (으)로 정하기

1 🔷 흐름 블록꾸러미에서

[만일 참 이라면] 을 끌어다 연결하고,

✓ 판단 블록꾸러미에서 [10 > 10] 을 끌어다 참 부분에 끼워 넣습니다.

2 ➕ 계산 블록꾸러미에서

[방 안 공기▼의 x좌푯값▼] 을 끌어다 앞쪽 10 부분에 끼워 넣고,

뒤쪽 10 을 150으로 바꿉니다.

3 ↔ 움직임 블록꾸러미에서

[방향을 90°(으)로 정하기] 를 끌어다 연결하고, 270°로 바꿉니다.

▶방 안 공기가 다시 차가워져서 아래쪽으로 이동할 때 자연스럽도록 방향을 바꿔 주는 것입니다.

4 🔺 생김새 블록꾸러미에서

[차가운 공기▼ 모양으로 바꾸기] 를 끌어다 연결합니다.

▶빨간색 화살표가 파란색 화살표로 바뀌며 따뜻했던 방 안 공기가 다시 차가워졌다는 걸 보여 줍니다.

5 🔷 흐름 블록꾸러미에서

[참 이 될 때까지▼ 반복하기] 를 끌어다 연결하고, ✓ 판단 블록꾸러미에서

[10 < 10] 을 끌어다 참 부분에 끼워 넣습니다.

6 ➕ 계산 블록꾸러미에서

[방 안 공기▼의 x좌푯값▼] 을 끌어다 앞쪽 10 부분에 끼워 넣고,

▼를 클릭해 'y좌푯값'을 선택합니다.

뒤쪽 10 은 −100으로 바꿉니다.

▶방 안 공기의 y좌푯값이 −100보다 작아지기 전까지는 아래의 명령어가 반복됩니다.

7 ↔ 움직임 블록꾸러미에서

[y좌표를 10 만큼 바꾸기] 를 끌어다 연결하고, −10으로 바꿉니다.

▶방 안 공기가 10만큼씩 아래로 내려갑니다.

8 🔷 흐름 블록꾸러미에서

[2 초 기다리기] 를 끌어다 연결하고, 0.1초로 바꿉니다.

9 🔷 흐름 블록꾸러미에서

[만일 참 이라면] 을 끌어다 연결하고,

✓ 판단 블록꾸러미에서 [10 < 10] 을 끌어다 참 부분에 끼워 넣습니다.

10 ➕ 계산 블록꾸러미에서

[방 안 공기▼의 x좌푯값▼] 을 끌어다 앞쪽 10 부분에 끼워 넣고,

▼를 클릭해 'y좌푯값'을 선택합니다.

뒤쪽 10 은 −100으로 바꿉니다.

11 ↔ 움직임 블록꾸러미에서

[방향을 90°(으)로 정하기] 를 끌어다 연결하고, 0°로 바꿉니다.

전체 코드 확인하기

블록이 잘 조립되었는지 확인하고, 시작하기 버튼을 눌러 실행해 봅시다.

코딩 Level Up!

액체나 기체와 달리 고체에서는 '열전도' 현상으로 열이 전달됩니다. 예를 들어, 쇠막대의 한쪽 끝에 열을 가하면 순차적으로 열이 전해지지요.

미션 힌트 블록을 이용해 열전도 현상을 보여 주는 프로그램을 코딩해 보세요.

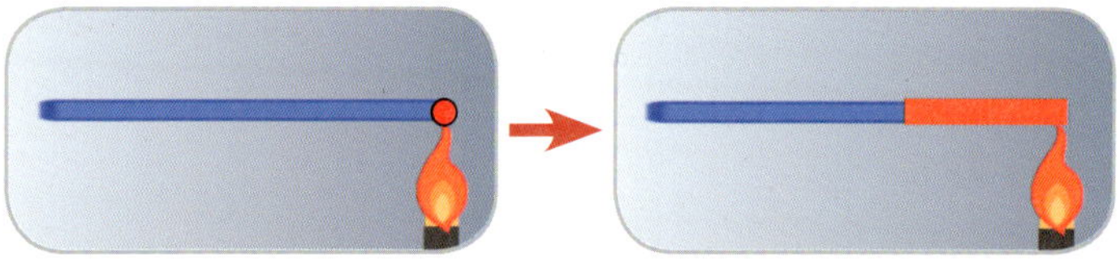

Tip 아래의 블록들을 활용해서 어떻게 코딩할지 생각해 보세요.

- 2 초 동안 x: 10 y: 10 만큼 움직이기
- x: 0 y: 0 위치로 이동하기
- 붓의 색을 ■ (으)로 정하기
- 2 초 기다리기

획득! 배낭과 로프

미션을 해결했다면, 이제 당신의 탐험가는 배를 든든하게 채워 줄 식량이 가득 든 '배낭'과 튼튼한 '로프' 아이템을 얻었습니다.

정답은 130쪽에서 확인해 보세요!

6장
풍력 발전기를 돌려라!

바람의 힘으로 날개를 돌려 전기를 얻는 풍력 발전 시스템!
어떻게 코딩해야 발전기를 돌릴 수 있을까요?

완성 작품 구성 미리보기

다음 주소 https://goo.gl/1jWJbS 로 들어가면 완성 작품이 있습니다.
작품명은 '생활과학_06장'으로, 엔트리 사이트 공유하기에서 'Whycoding4'를 검색해도 작품을 볼 수 있습니다.

미리보기 QR코드로도
작품을 볼 수 있어요.

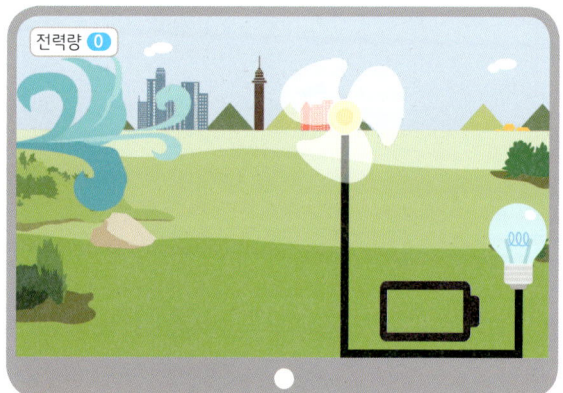

Step 1 프로그램이 시작되면 바람이 불기 시작합니다.

Step 2 바람이 풍력 발전기를 지나가면 날개가 회전하며 전기가 생겨납니다.

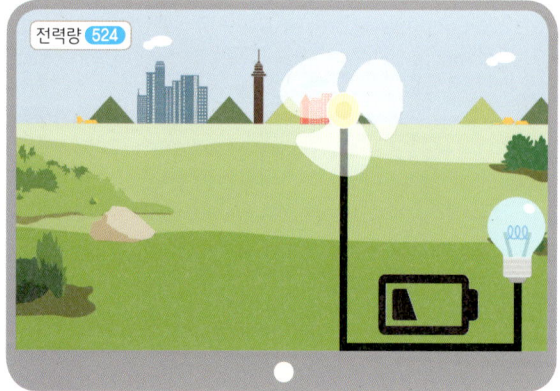

Step 3 생겨난 전기는 일정량 모이면 축전지에 저장됩니다.

Step 4 축전지에 전기가 일정량 모이면 전구에 불이 들어옵니다.

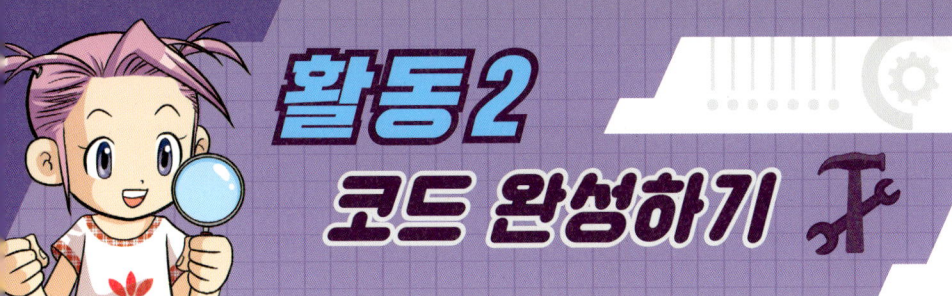

활동 2 코드 완성하기

🖱 오브젝트 배치하기

1 '오브젝트 추가하기▶배경▶자연▶초원(2)'를 선택해 배경을 만듭니다.

2 '오브젝트 추가하기▶환경▶자연▶바람'을 선택해 오브젝트를 추가하고, 오브젝트 목록에서 위치와 크기를 바꿉니다.

▶ 바람의 X좌표를 -170, Y좌표를 40, 크기를 52로 바꿉니다.

3 '오브젝트 추가하기▶인터페이스▶전체▶작은 배터리'를 선택해 오브젝트를 추가하고, 오브젝트 목록에서 이름과 위치, 크기를 바꿉니다.

▶ 작은 배터리의 이름을 '축전지'로 바꿉니다.
▶ 축전지의 X좌표를 130, Y좌표를 -100, 크기를 70으로 바꿉니다.

> 이 프로젝트에서는 축전지와 날개, 전구의 모양 이름을 모두 바꾸어야 해요.

잠깐! 오브젝트 목록에서 이름을 바꿔도 모양 탭에 들어가면 원래 이름이 그대로 남아 있습니다. 코딩할 때 헷갈리지 않으려면, 오브젝트 목록에서 이름을 바꿀 때 모양 탭의 이름도 함께 바꿔 주는 것이 좋습니다.

75

4 '오브젝트 추가하기 ▶ 파일 업로드 탭 ▶ 파일추가'를 선택해 '전선' 오브젝트를 추가하고, 오브젝트 목록에서 위치와 크기를 바꿉니다.

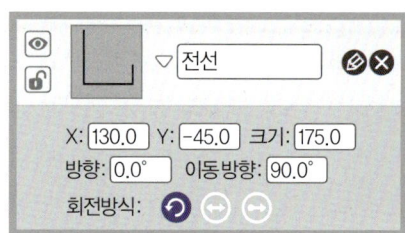

▶ 전선의 X좌표를 130, Y좌표를 -45, 크기를 175로 바꿉니다.

5 '오브젝트 추가하기 ▶ 물건 ▶ 생활 ▶ 선풍기'를 선택해 오브젝트를 추가하고, 오브젝트 목록에서 이름과 위치를 바꿉니다.

▶ 선풍기의 이름을 '날개'로 바꿉니다.
▶ 날개의 X좌표를 50, Y좌표를 50으로 바꿉니다.

6 '오브젝트 추가하기 ▶ 물건 ▶ 생활 ▶ 꼬마전구'를 선택해 오브젝트를 추가하고, 오브젝트 목록에서 이름과 위치, 크기를 바꿉니다.

▶ 꼬마전구의 이름을 '전구'로 바꿉니다.
▶ 전구의 X좌표를 210, Y좌표를 -45, 크기를 60으로 바꿉니다.

7 적절하게 배치되었는지 확인합니다.

전선 오브젝트는 엔트리에는 없습니다. 완성 작품에서 다운로드 받아서 사용하세요. 그림판에서 그려도 됩니다.

그림판에서 전선을 그리려면 어떻게 해야 할까요?

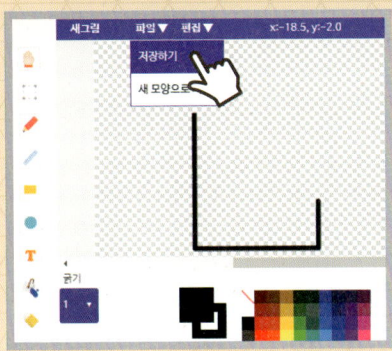

① '오브젝트 추가하기▶ 새로 그리기 '를 선택하면 '새로 그리기 페이지로 이동하시겠습니까?'라는 질문이 뜹니다.

② 이동하기를 선택하면 그림판이 뜨는데, 왼쪽 창에서 직선 그리기( )를 이용해 검은색 전선을 그립니다. 하단 팔레트에서 굵기와 색깔을 정할 수 있습니다.

③ '파일▶저장하기'를 눌러 그림을 저장하면 오브젝트로 활용할 수 있습니다.

프로그램이 시작되면 세기가 일정하지 않은 바람이 화면의 왼쪽에서 불어와 오른쪽 화면 끝으로 사라집니다.

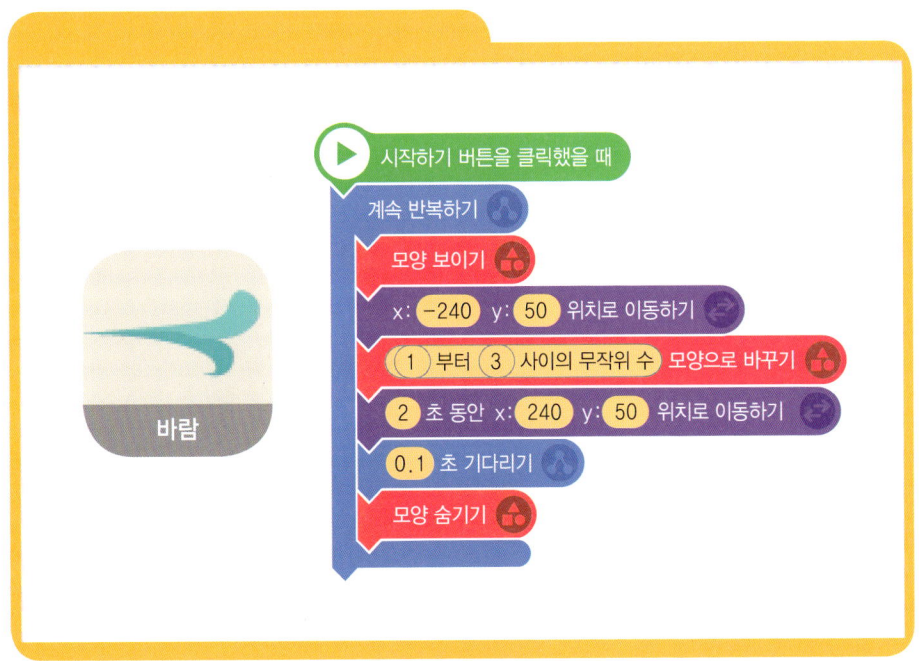

1. 시작 블록꾸러미에서 `시작하기 버튼을 클릭했을 때` 를 끌어다 놓습니다.

2. 흐름 블록꾸러미에서 `계속 반복하기` 를 끌어다 연결합니다.
   ▶바람이 계속 불어야 하므로 반복 블록을 사용합니다.

3. 생김새 블록꾸러미에서 `모양 보이기` 를 끌어다 반복 블록 안쪽에 연결합니다.
   ▶프로그램이 시작되면 바로 바람의 모습이 보입니다.

4. 움직임 블록꾸러미에서 `x: 0 y: 0 위치로 이동하기` 를 끌어다 연결하고, x좌표를 –240, y좌표를 50으로 바꿉니다.
   ▶바람이 화면의 왼쪽 끝에서 시작되도록 처음 위치를 정해 주는 것입니다.

5. 생김새 블록꾸러미에서 `바람_1 모양으로 바꾸기` 를 끌어다 연결합니다.

6. 계산 블록꾸러미에서 `0 부터 10 사이의 무작위 수` 를 끌어다 `바람_1` 부분에 끼워 넣고, 앞쪽 `0` 은 1로, 뒤쪽 `10` 은 3으로 바꿉니다.
   ▶바람의 세기를 눈으로 확인할 수 있도록 1부터 3까지 크기가 다른 바람 모양이 무작위로 나오게 합니다.

7. 움직임 블록꾸러미에서 `2 초 동안 x: 10 y: 10 위치로 이동하기` 를 끌어다 연결하고, x좌표를 240, y좌표를 50으로 바꿉니다.
   ▶왼쪽 화면 끝에서부터 시작된 바람이 오른쪽 화면 끝까지 2초 동안 이동합니다.

8. 흐름 블록꾸러미에서 `2 초 기다리기` 를 끌어다 연결하고, 0.1초로 바꿉니다.
   ▶바람이 약간의 시간 차를 두고 불어오도록 시간을 줍니다.

9. 생김새 블록꾸러미에서 `모양 숨기기` 를 끌어다 연결합니다.

1부터 3까지 바람 모양은 모양 탭에서 확인할 수 있습니다.

Step2 만들기

바람이 풍력 발전기의 날개를 지나가면, 날개가 회전하며 전기가 생겨납니다.
바람이 클수록 날개는 더 빨리 돌고, 전력량도 더 많아집니다.

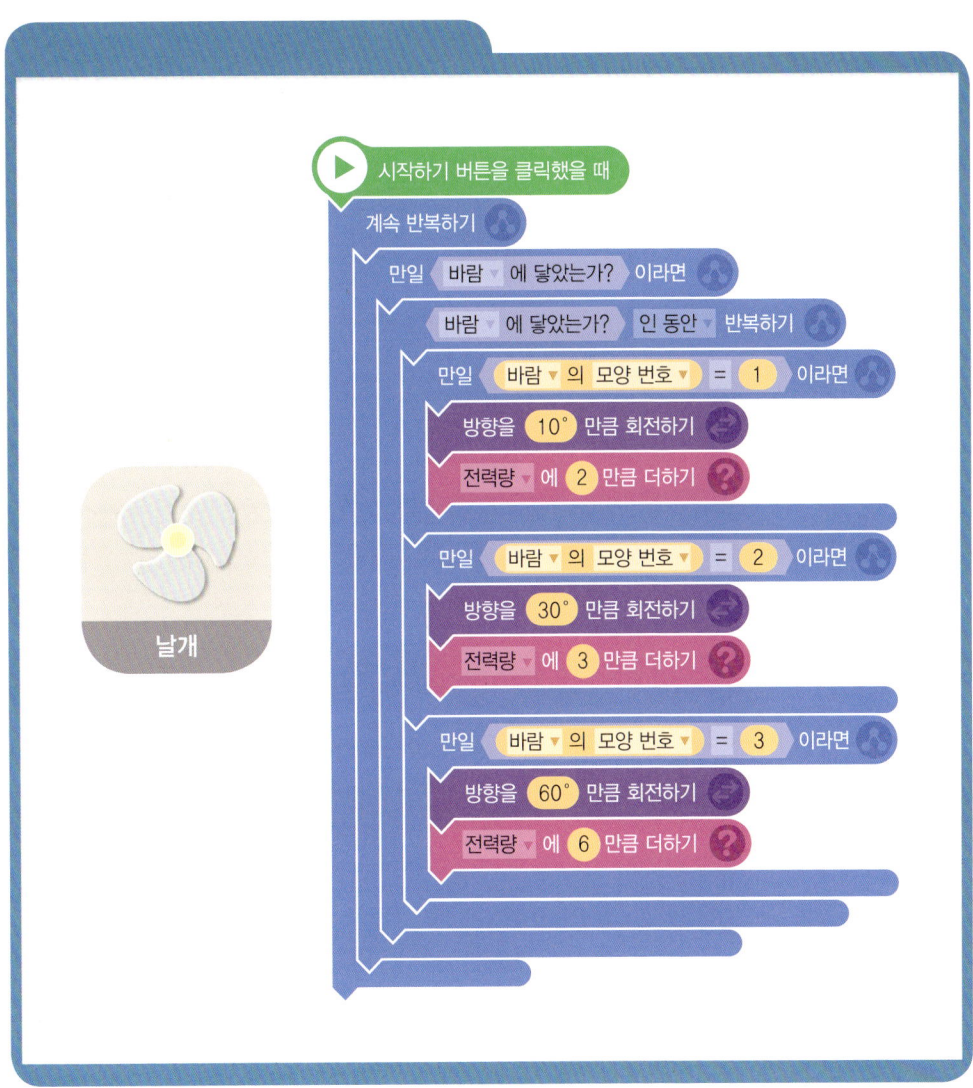

1 ▶ 시작 블록꾸러미에서 ▶ 시작하기 버튼을 클릭했을 때 를 끌어다 놓습니다.

2 흐름 블록꾸러미에서 계속 반복하기 를 끌어다 연결합니다.

3 🔼 흐름 블록꾸러미에서 `만일 참 이라면` 을 끌어다 반복 블록 안쪽에 연결합니다.

4 ✅ 판단 블록꾸러미에서 `마우스포인터 에 닿았는가?` 를 끌어다 `참` 부분에 끼워 넣고, ▼를 클릭해 '바람'을 선택합니다.

▶ 바람이 닿으면 아래의 명령어가 실행됩니다.

5 🔼 흐름 블록꾸러미에서 `참 이 될 때까지 반복하기` 를 끌어다 조건 블록 안쪽에 연결하고, ▼를 클릭해 '인 동안'을 선택합니다.

6 ✅ 판단 블록꾸러미에서 `마우스포인터 에 닿았는가?` 를 끌어다 `참` 부분에 끼워 넣고, ▼를 클릭해 '바람'을 선택합니다.

▶ 바람이 날개에 닿아 있는 동안 아래의 명령어가 실행됩니다.

7 🔼 흐름 블록꾸러미에서 `만일 참 이라면` 을 끌어다 연결하고, ✅ 판단 블록꾸러미에서 `10 = 10` 을 끌어다 `참` 부분에 끼워 넣습니다.

8 ➗ 계산 블록꾸러미에서 `전구 의 x좌푯값` 을 끌어다 앞쪽 `10` 부분에 끼워 넣고, ▼를 클릭해 각각 '바람'과 '모양 번호'를 선택합니다. 뒤쪽 `10` 은 1로 바꿉니다.

▶ 날개에 닿는 바람의 모양에 따라 발생하는 전력량을 다르게 하기 위한 것으로, 바람의 모양 번호가 1인 경우에만 조건 블록 안쪽의 명령어가 실행됩니다.

9 ↔ 움직임 블록꾸러미에서 `방향을 90° 만큼 회전하기` 를 끌어다 조건 블록 안쪽에 연결하고, 10°로 바꿉니다.

▶ 날개에 닿은 바람의 모양 번호가 1일 때, 날개가 10°만큼씩 회전합니다.

10 속성 탭에서 '변수'를 선택하고 '변수 추가'를 클릭해, '전력량' 변수를 만듭니다.

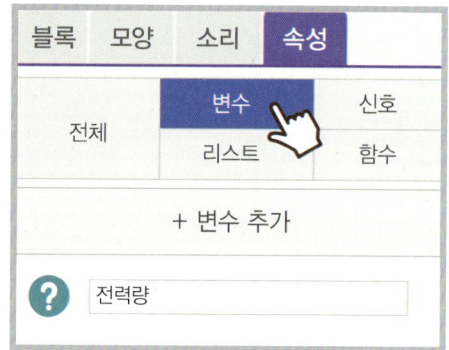

11 ❓ 자료 블록꾸러미에서 `전력량 에 10 만큼 더하기` 를 끌어다 연결하고, 2로 바꿉니다.

▶ 바람의 모양 번호 1은 약한 바람입니다. 이 바람이 날개에 닿은 동안은 전력량에 2만큼씩 더해지게 됩니다.

12 **7** ~ **11** 에서 만든 조건 블록에 마우스를 가져다 대고, 마우스 오른쪽 버튼을 클릭해 코드를 복사한 뒤 두 번 붙여 넣습니다.

13 바람의 모양 번호 2번과 3번에 해당하는 값들을 바꿔 줍니다.

바람의 모양 번호에 따라 회전 각도와 전력량이 다르므로 주의해서 코딩해야 합니다.

바람의 모양 번호가 큰 게 센 바람이죠?

그래! 모양 번호가 클수록 바람의 크기도 세기도 세져서, 날개도 빨리 돌아가고 전력량도 많이 발생해.

Step3 만들기

발생한 전력량이 일정량에 이르면 축전지에 전기가 저장됩니다.

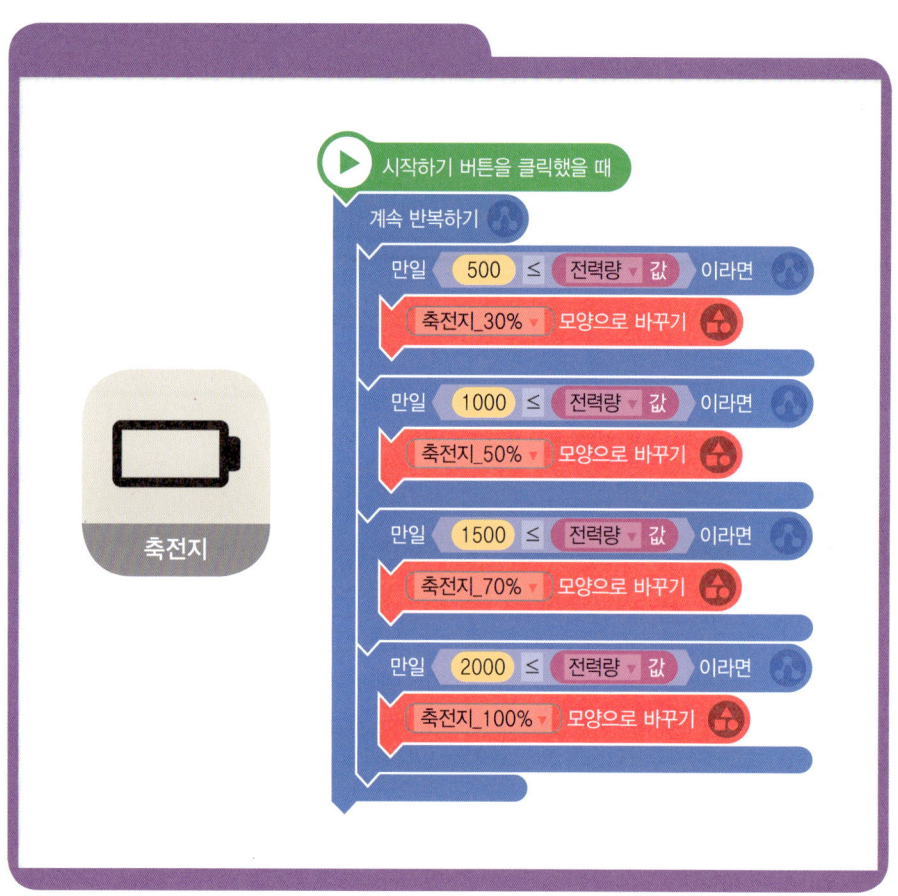

1 시작 블록꾸러미에서 시작하기 버튼을 클릭했을 때 를 끌어다 놓습니다.

2 흐름 블록꾸러미에서 계속 반복하기 를 끌어다 연결합니다.

3 흐름 블록꾸러미에서 만일 참 이라면 을 끌어다 반복 블록 안쪽에 연결합니다.

4 판단 블록꾸러미에서 10 ≤ 10 을 끌어다 참 부분에 끼워 넣고, 앞쪽 10 을 500으로 바꿉니다. 뒤쪽 10 부분에는 ? 자료 블록꾸러미에서 전력량 값 을 끌어다 끼워 넣습니다.

5 　🎨 생김새 블록꾸러미에서 `축전지_0% 모양으로 바꾸기` 를 끌어다 연결하고,
▼를 클릭해 '축전지_30%'를 선택합니다.

▶ 발생한 전력량에 따라 축전지에 전기가 저장된 모양이 달라집니다.
전력량이 500 이상이 되면, 축전지가 약 4분의 1칸 채워진 모양으로 바뀝니다.

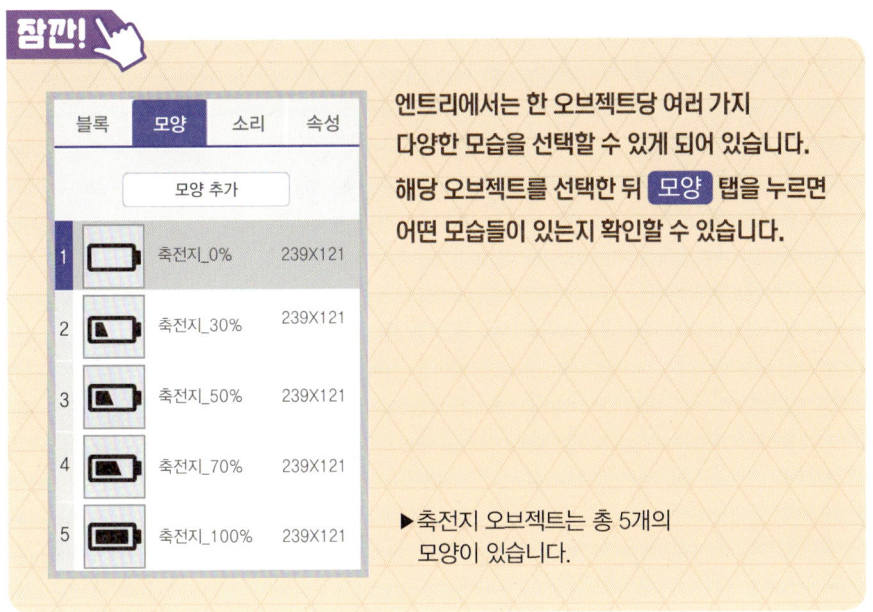

6 　**3** ~ **5** 에서 만든 조건 블록에 마우스를 가져다 대고, 마우스 오른쪽 버튼을
클릭해 코드를 복사한 뒤 세 번 붙여 넣습니다. 전력량 값과 축전지 모양을 바꿔 줍니다.

전력량에 따라 축전지
모양이 바뀌므로 주의해서
코딩해야 합니다.

Step4 만들기-①

전력량이 1000 이상 되면 전구켜기 신호를 보내는데, 이때 사용한 만큼의 전력량은 줄어듭니다. 전력량이 1000 미만으로 내려가면 전구끄기 신호를 보냅니다.

```
시작하기 버튼을 클릭했을 때
계속 반복하기
  만일 500 ≤ 전력량 값 이라면
    축전지_30% 모양으로 바꾸기
  만일 1000 ≤ 전력량 값 이라면
    축전지_50% 모양으로 바꾸기
  만일 1500 ≤ 전력량 값 이라면
    축전지_70% 모양으로 바꾸기
  만일 2000 ≤ 전력량 값 이라면
    축전지_100% 모양으로 바꾸기
  만일 1000 ≤ 전력량 값 이라면
    전력량 에 -2 만큼 더하기
    전구켜기 신호 보내기
  만일 전력량 값 < 1000 이라면
    전구끄기 신호 보내기
```

축전지

1 흐름 블록꾸러미에서  을 끌어다 연결합니다.

2 ✓ 판단 블록꾸러미에서 `10 ≤ 10` 를 끌어다 참 부분에 끼워 넣고, 앞쪽 `10` 을 1000으로 바꿉니다. 뒤쪽 `10` 부분에는 ? 자료 블록꾸러미에서 `전력량▼ 값` 을 끌어다 끼워 넣습니다.

▶ 전력량이 1000 이상이 될 경우에만 명령어가 실행됩니다.

3 ? 자료 블록꾸러미에서 `전력량▼ 에 10 만큼 더하기` 를 끌어다 조건 블록 안쪽에 연결하고, −2로 바꿉니다.

▶ 전구가 켜졌을 때 전력량이 2만큼씩 줄어듭니다.

4 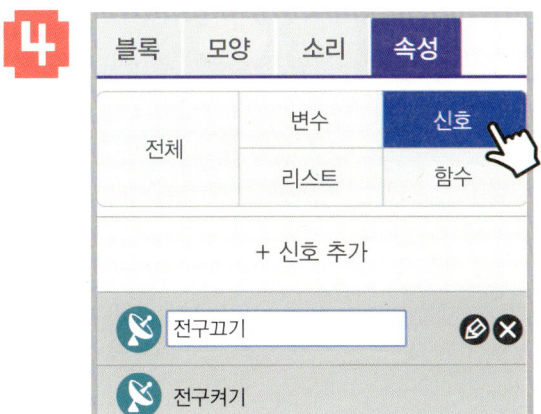 속성 탭에서 '신호'를 선택하고, '신호 추가'를 클릭해 '전구켜기'와 '전구끄기' 신호를 만듭니다.

5 ▶ 시작 블록꾸러미에서 `전구끄기▼ 신호 보내기` 를 끌어다 연결하고, ▼를 클릭해 '전구켜기'를 선택합니다.

▶ 전력량이 1000 이상이 되면 전구켜기 신호를 보냅니다.

6 ▲ 흐름 블록꾸러미에서 `만일 참 이라면` 을 끌어다 연결합니다.

7 ✓ 판단 블록꾸러미에서 `10 < 10` 을 끌어다 참 부분에 끼워 넣습니다.

8 ? 자료 블록꾸러미에서 `전력량▼ 값` 을 끌어다 앞쪽 `10` 부분에 끼워 넣고, 뒤쪽 `10` 은 1000으로 바꿉니다.

9 ▶ 시작 블록꾸러미에서 `전구끄기▼ 신호 보내기` 를 끌어다 연결합니다.

▶ 전력량이 1000 미만으로 내려가면 전구끄기 신호를 보냅니다.

Step4 만들기-②

전구켜기 신호를 받으면 전구가 켜지고, 전구끄기 신호를 받으면 전구가 꺼집니다.

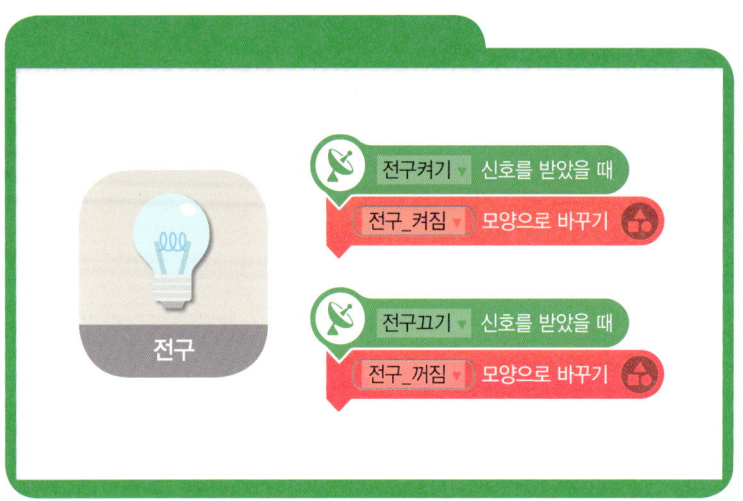

1 🚩 시작 블록꾸러미에서 〔전구끄기 신호를 받았을 때〕를 끌어다 놓고, ▼를 클릭해 '전구켜기'를 선택합니다.

2 🔺 생김새 블록꾸러미에서 〔전구_꺼짐 모양으로 바꾸기〕를 끌어다 연결하고, ▼를 클릭해 '전구_켜짐'을 선택합니다.
▶축전지로부터 전구켜기 신호를 받으면, 전구가 '전구_켜짐' 모양으로 바뀝니다.

3 🚩 시작 블록꾸러미에서 〔전구끄기 신호를 받았을 때〕를 끌어다 놓습니다.

4 🔺 생김새 블록꾸러미에서 〔전구_꺼짐 모양으로 바꾸기〕를 끌어다 연결합니다.
▶축전지로부터 전구끄기 신호를 받으면, 전구가 '전구_꺼짐' 모양으로 바뀝니다.

전체 코드 확인하기

블록이 잘 조립되었는지 확인하고, 시작하기 버튼을 눌러 실행해 봅시다.

전기를 얻는 다른 방법으로는 수력 발전도 있습니다. 수력 발전은 보통 강 상류의 물을 가두었다가 하류로 물을 떨어뜨려서 물레방아 날개(터빈)를 돌려 전기를 얻습니다.

풍력 발전처럼 수력 발전 시스템을 만들어 보세요.

Tip 수력 발전 시스템은 다음과 같은 순서로 실행됩니다.
① 위에서 아래로 물이 떨어진다. 떨어지는 물이 날개(터빈)를 돌린다.
② 날개가 회전하면 전기가 발생한다.
③ 발생한 전기가 축전지에 저장되고, 축전지에 어느 정도 전기가 모이면 전구에 불이 들어온다.

획득!
보물 지도

미션을 해결했다면, 이제 당신의 탐험가는 보물이 숨겨진 '보물 지도' 아이템을 얻었습니다.
정답은 131쪽에서 확인해 보세요!

7장 스마트 하우스

스위치를 누르지 않아도 알아서 척척 전등도 텔레비전도 켜지는 스마트 하우스! 직접 내 손으로 스마트 하우스를 만들어 봅시다.

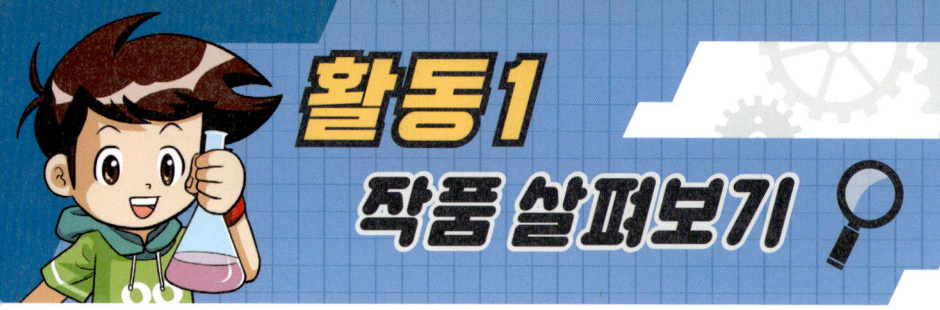

완성 작품 구성 미리보기

다음 주소 https://goo.gl/xKcy5g 로 들어가면 완성 작품이 있습니다. 작품명은 '생활과학_07장'으로, 엔트리 사이트 공유하기에서 'Whycoding4'를 검색해도 작품을 볼 수 있습니다.

미리보기 QR코드로도 작품을 볼 수 있어요.

Step 1 자동문이 비밀번호를 묻고, 답을 입력하는 창이 나타납니다. 비밀번호를 1024로 적어 넣습니다.

Step 2 비밀번호가 확인되면 문이 열리고, 자동으로 전등불이 켜지면서 방 안 움직임을 감지하는 센서가 작동합니다.

Step 3 학생이 움직임 감지센서에 닿으면 히터가 자동으로 켜집니다.

Step 4 학생이 소파에 닿으면 텔레비전이 자동으로 켜집니다.

오브젝트 배치하기

1 '오브젝트 추가하기▶배경▶실내▶전등'을 선택해 배경을 만들고, 모양을 바꿉니다.

▶ 모양 탭에서 '전등_꺼짐' 모양을 선택합니다.

2 '오브젝트 추가하기▶환경▶기타▶벽'을 선택해 오브젝트를 추가하고, 오브젝트 목록에서 크기와 위치를 바꿉니다.

▶ 크기조절점을 이용해 벽이 화면에 세로로 꽉 차게 늘리고, 크기를 200으로 바꿉니다.
▶ 벽의 X좌표를 176으로 바꿉니다.

3 '오브젝트 추가하기▶물건▶생활▶소파'를 선택해 오브젝트를 추가하고, 오브젝트 목록에서 위치와 크기를 바꿉니다.

▶ 소파의 X좌표를 -50, Y좌표를 -60, 크기를 90으로 바꿉니다.

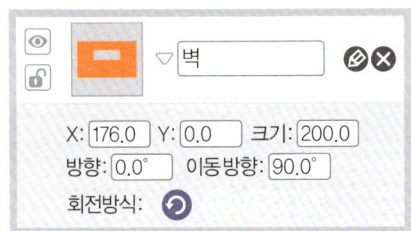

4 '오브젝트 추가하기▶물건▶기타▶자동문'을 선택해 오브젝트를 추가하고, 오브젝트 목록에서 위치와 크기를 바꿉니다.

▶ 자동문의 X좌표를 100, Y좌표를 -50, 크기를 125로 바꿉니다.

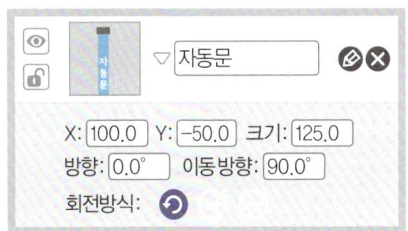

5 오브젝트 목록에서 '자동문'을 선택하고, 모양을 수정합니다.

▶ 모양 탭에서 자동문_2를 선택해 이름을 '문열림'으로 바꿉니다.
▶ 자르기를 이용해 하늘색 문 부분을 지우고, '파일▶저장하기'를 눌러 그림을 저장합니다.

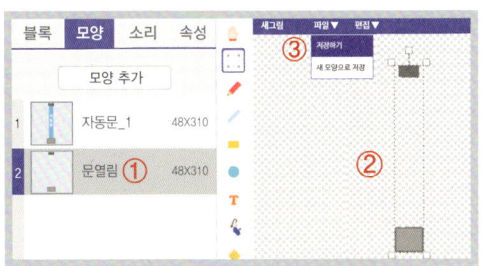

6 '오브젝트 추가하기▶물건▶생활▶TV'를 선택해 오브젝트를 추가하고, 오브젝트 목록에서 모양과 위치, 크기를 바꿉니다.

▶ 모양 탭에서 'TV_꺼짐' 모양을 선택합니다.
▶ TV의 X좌표를 −165, Y좌표를 70, 크기를 130으로 바꿉니다.

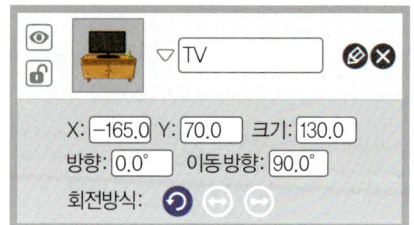

7 '오브젝트 추가하기▶물건▶생활▶히터'를 선택해 오브젝트를 추가하고, 오브젝트 목록에서 모양과 위치를 바꿉니다.

▶ 모양 탭에서 '히터_꺼짐' 모양을 선택합니다.
▶ 히터의 X좌표를 −145, Y좌표를 −85로 바꿉니다.

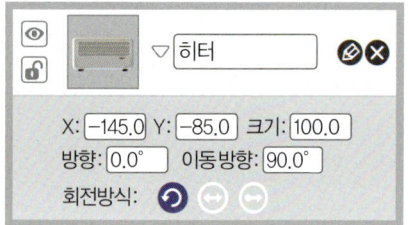

8 '오브젝트 추가하기▶물건▶기타▶움직임 감지센서'를 선택해 오브젝트를 추가하고, 오브젝트 목록에서 모양과 방향, 위치, 크기를 바꿉니다.

▶ 모양 탭에서 '움직임 감지센서_영역' 모양을 선택하고, 방향을 325°로 바꿉니다.
▶ 움직임 감지센서의 X좌표를 −60, Y좌표를 −10, 크기를 395로 바꿉니다.

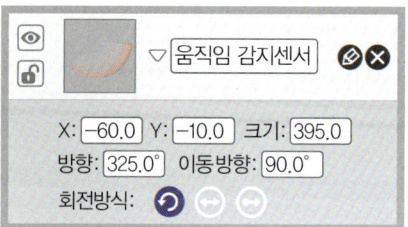

9 '오브젝트 추가하기▶사람▶안경쓴 학생(2)'를 선택해 오브젝트를 추가하고, 오브젝트 목록에서 위치와 크기를 바꿉니다.

▶ 안경쓴 학생(2)의 X좌표를 155, Y좌표를 −65, 크기를 75로 바꿉니다.

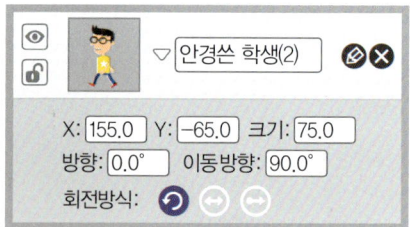

잠깐!

오브젝트를 처음 불러오면 전등도, TV도, 히터도 켜진 모양으로 되어 있습니다. 하지만 처음에는 센서가 작동하기 전이라 모두 꺼져 있는 상태여야 하므로 모양 탭에서 모두 꺼져 있는 모양을 선택합니다. 움직임 감지센서도 '움직임 감지센서_영역' 모양을 선택합니다. 모양에 따라 크기가 다를 수 있기 때문에 모양을 먼저 바꾸고 크기를 바꿔 주는 것이 좋습니다.

Step 1 만들기-①

자동문이 비밀번호를 묻고, 대답을 입력하는 창이 나타납니다.

1 ▶ 시작 블록꾸러미에서 `시작하기 버튼을 클릭했을 때` 를 끌어다 놓습니다.

2 ? 자료 블록꾸러미에서 `대답 숨기기` 를 끌어다 연결합니다.
▶대답(비밀번호)이 굳이 화면에 보이지 않아도 되기 때문에 대답은 숨겨 둡니다.

3 ? 자료 블록꾸러미에서 `안녕! 을(를) 묻고 대답 기다리기` 를 끌어다 연결하고, '비밀번호 4자리를 입력하세요.'로 바꿉니다.
▶자동문을 열 수 있는 비밀번호 4자리를 묻고 대답을 입력하게 됩니다.

4 ▲흐름 블록꾸러미에서 `계속 반복하기` 를 끌어다 연결합니다.

5 ▲흐름 블록꾸러미에서 `만일 참 이라면 아니면` 을 끌어다 반복 블록 안쪽에 연결하고,

✓판단 블록꾸러미에서 `10 = 10` 을 끌어다 `참` 부분에 끼워 넣습니다.

6 ?자료 블록꾸러미에서 `대답` 을 끌어다 앞쪽 `10` 부분에 끼워 넣고,
뒤쪽 `10` 은 1024로 바꿉니다.

▶ 입력한 대답이 1024일 때 아래의 명령어가 실행됩니다.

7 ▲흐름 블록꾸러미에서 `2 초 기다리기` 를 끌어다 연결하고, 1초로 바꿉니다.

8 ▲생김새 블록꾸러미에서 `자동문_1 모양으로 바꾸기` 를 끌어다 연결하고,
▼를 클릭해 '문열림'으로 바꿉니다.

9 속성 탭에서 '신호'를 선택하고, '신호 추가'를 클릭해 '불을 켜' 신호를 만듭니다.

10 ▶시작 블록꾸러미에서 `불을 켜 신호 보내기` 를 끌어다 연결합니다.

11 ▲생김새 블록꾸러미에서 `안녕! 을(를) 4 초 동안 말하기` 를 끌어다 연결하고,
'어서 오세요.'와 2초로 바꿉니다.

12 ▲흐름 블록꾸러미에서 `2 초 기다리기` 를 끌어다 연결하고, 1초로 바꿉니다.

13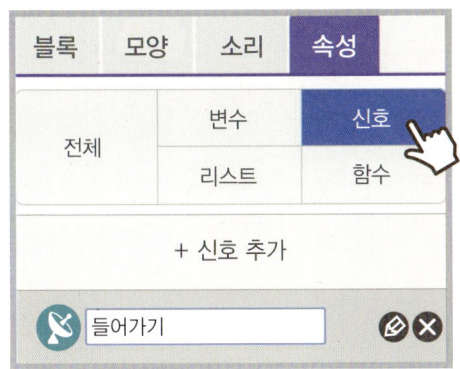

속성 탭에서 '신호'를 선택하고, '신호 추가'를 클릭해 '들어가기' 신호를 만듭니다.

14 ▶ 시작 블록꾸러미에서 들어가기 신호 보내기 를 끌어다 연결합니다.
▶학생이 방 안으로 들어가도록 신호를 보냅니다.

15 흐름 블록꾸러미에서 모든 코드멈추기 를 끌어다 연결하고,
▼를 클릭해 '자신의'를 선택합니다.
▶더 이상 자동문이 비밀번호를 묻거나 명령어가 반복되지 않도록 모든 코드를 멈춥니다.

16 ? 자료 블록꾸러미에서 안녕! 을(를) 묻고 대답 기다리기 를 끌어다 아니면 뒤에 연결하고,
'틀렸습니다. 다시 비밀번호 4자리를 입력하세요.'로 바꿉니다.

Step 1 만들기-②

자동문이 열리기 전에는 센서가 작동하지 않습니다.

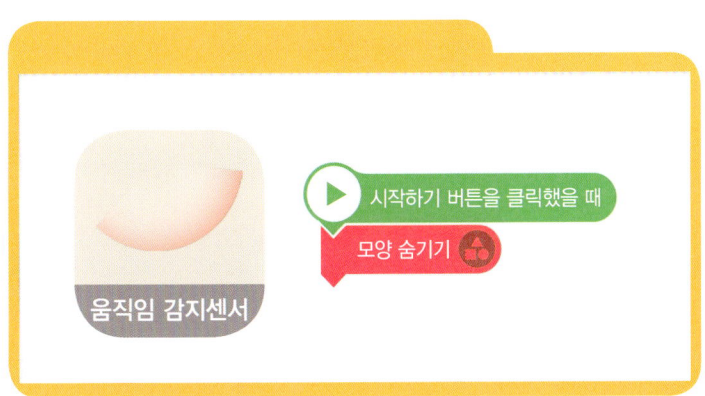

1 ┌시작 블록꾸러미에서 시작하기 버튼을 클릭했을 때 를 끌어다 놓습니다.

2 생김새 블록꾸러미에서 모양 숨기기 를 끌어다 연결합니다.
▶ 집 안에 아무도 없을 때는 센서가 작동하지 않게 모양을 숨깁니다.

Step 1 만들기-③

학생이 방 안에 들어서기 전에는 히터가 작동하지 않습니다.

1 ┌시작 블록꾸러미에서 시작하기 버튼을 클릭했을 때 를 끌어다 놓습니다.

2 생김새 블록꾸러미에서 히터_켜짐 모양으로 바꾸기 를 끌어다 연결하고,
▼를 선택해 '히터_꺼짐'을 선택합니다.

히터는 학생이 방 안에 들어섰을 때 켜져야 하므로, 처음에 프로그램이 시작되었을 때는 꺼져 있어야 합니다.

Step 1 만들기-④

학생이 소파에 닿기 전에는 텔레비전이 작동하지 않습니다.

1. ▶ 시작 블록꾸러미에서 `시작하기 버튼을 클릭했을 때` 를 끌어다 놓습니다.

2. ▲ 생김새 블록꾸러미에서 `TV_밝음 모양으로 바꾸기` 를 끌어다 연결하고, ▼를 선택해 'TV_꺼짐'을 선택합니다.

Step 2 만들기-①

비밀번호를 입력해 자동문이 열리면, 불을 켜라는 신호를 받아 전등이 켜집니다.

1 🏁 **시작** 블록꾸러미에서 들어가기 신호를 받았을 때 를 끌어다 놓습니다.

▼를 클릭해 '불을 켜'를 선택합니다.

2 🔺 **생김새** 블록꾸러미에서 전등_켜짐 모양으로 바꾸기 를 끌어다 연결합니다.

🖱️ Step2 만들기-②

문이 열리고 전등이 켜지면 학생이 방 안으로 들어갑니다.

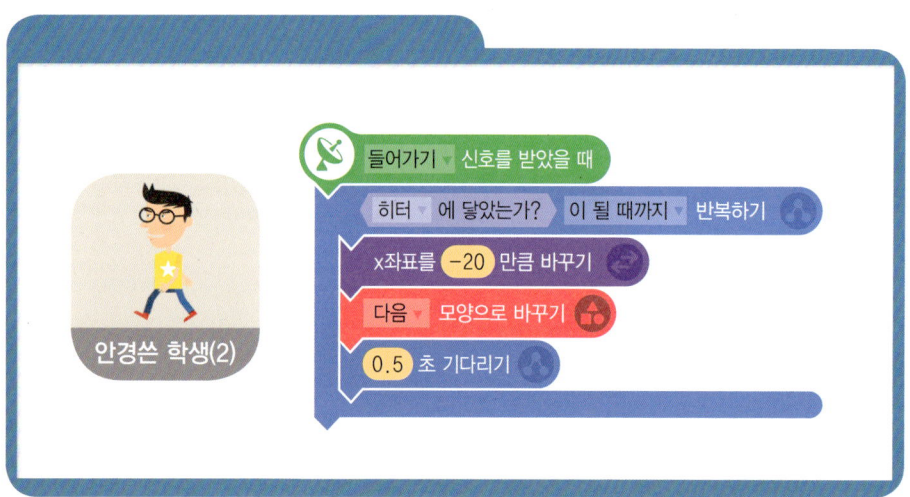

1 🏁 **시작** 블록꾸러미에서 들어가기 신호를 받았을 때 를 끌어다 놓습니다.

2 🔺 **흐름** 블록꾸러미에서 참 이 될 때까지 반복하기 를 끌어다 연결하고,

✅ **판단** 블록꾸러미에서 마우스포인터 에 닿았는가? 를 끌어다 참 부분에 끼워 넣습니다.

▼를 클릭해 '히터'를 선택합니다.

▶ 학생이 히터에 닿을 때까지 연결된 명령어가 반복되어 실행됩니다.

3 ↔ **움직임** 블록꾸러미에서 `x좌표를 10 만큼 바꾸기` 를 끌어다 연결하고, −20으로 바꿉니다.

▶ 히터가 있는 왼쪽 방향으로 이동시키기 위해 x좌푯값에 마이너스(−)를 붙여 준 것입니다.

4 ▲ **생김새** 블록꾸러미에서 `다음 모양으로 바꾸기` 를 끌어다 연결합니다.

▶ 다음 모양으로 계속 바꿔 주면 학생이 자연스럽게 걷는 모습이 됩니다.

5 ⏴ **흐름** 블록꾸러미에서 `2 초 기다리기` 를 끌어다 연결하고, 0.5초로 바꿉니다.

Step2 만들기-③

문이 열리면 신호를 받아 움직임 감지센서가 작동을 시작합니다.

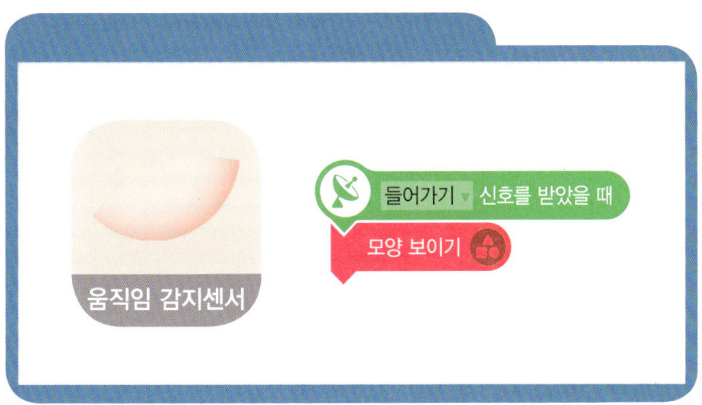

1 ⚑ **시작** 블록꾸러미에서 `들어가기 신호를 받았을 때` 를 끌어다 놓습니다.

2 ▲ **생김새** 블록꾸러미에서 `모양 보이기` 를 끌어다 연결합니다.

▶ 움직임을 감지하는 센서가 작동하는 모습을 볼 수 있게 모양을 보이게 해 줍니다.

Step3 만들기-①

학생이 움직임 감지센서에 닿으면 히터가 자동으로 작동되도록 신호를 보냅니다.

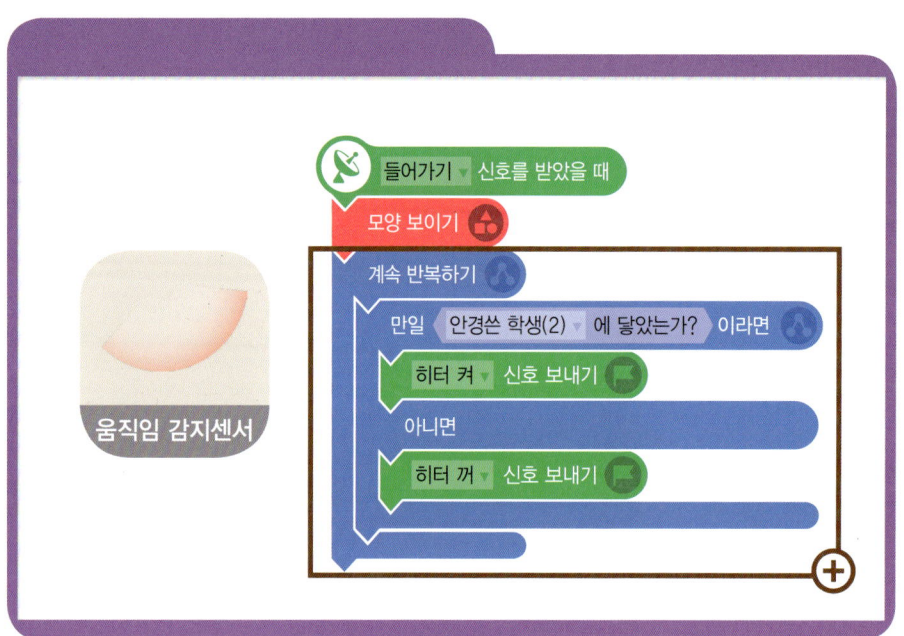

1 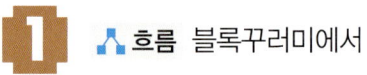 흐름 블록꾸러미에서 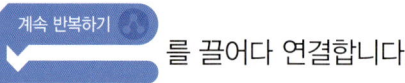 를 끌어다 연결합니다.

2 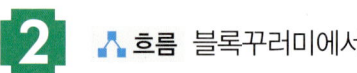 흐름 블록꾸러미에서 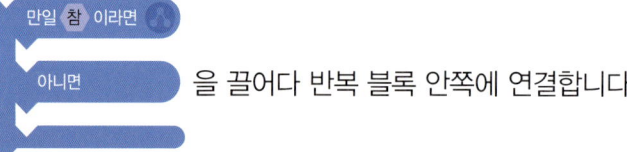 을 끌어다 반복 블록 안쪽에 연결합니다.

3 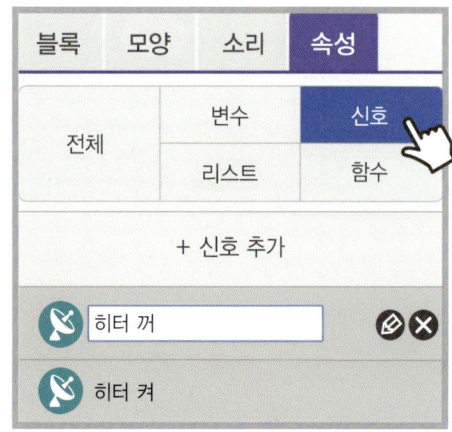 속성 탭에서 '신호'를 선택하고, '신호 추가'를 클릭해 '히터 켜'와 '히터 꺼' 신호를 만듭니다.

4 ✓ 판단 블록꾸러미에서 마우스포인터▼ 에 닿았는가? 를 끌어다 참 부분에 끼워 넣고, ▼를 클릭해 '안경쓴 학생(2)'를 선택합니다.

5 ▶시작 블록꾸러미에서 히터 꺼▼ 신호 보내기 를 두 번 끌어다 조건 블록 안쪽에 각각 연결하고, 위쪽 블록은 ▼를 클릭해 '히터 켜'를 선택합니다.

▶ 움직임 감지센서에 학생이 닿으면 '히터 켜' 신호를, 닿지 않으면 '히터 꺼' 신호를 보냅니다.

Step3 만들기-②

히터는 움직임 감지센서로부터 '히터 꺼' 신호를 받았을 때는 꺼져 있다가, '히터 켜' 신호를 받으면 자동으로 켜집니다.

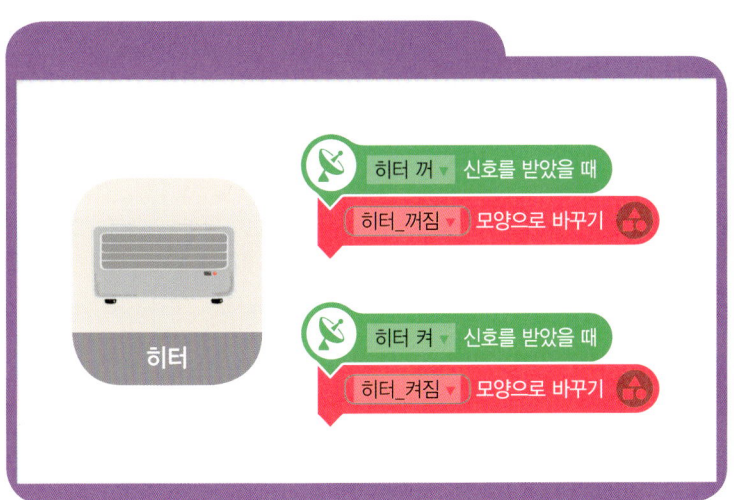

1 ▶시작 블록꾸러미에서 히터 꺼▼ 신호를 받았을 때 를 두 번 끌어다 놓고, 하나는 ▼를 클릭해 '히터 켜'를 선택합니다.

2 ▲생김새 블록꾸러미에서 히터_켜짐▼ 모양으로 바꾸기 를 끌어다 각각 연결하고, '히터 꺼' 신호에서는 ▼를 클릭해 '히터_꺼짐'을 선택합니다.

Step4 만들기-①

학생이 소파에 닿으면 자동으로 텔레비전이 작동되도록 신호를 보냅니다.

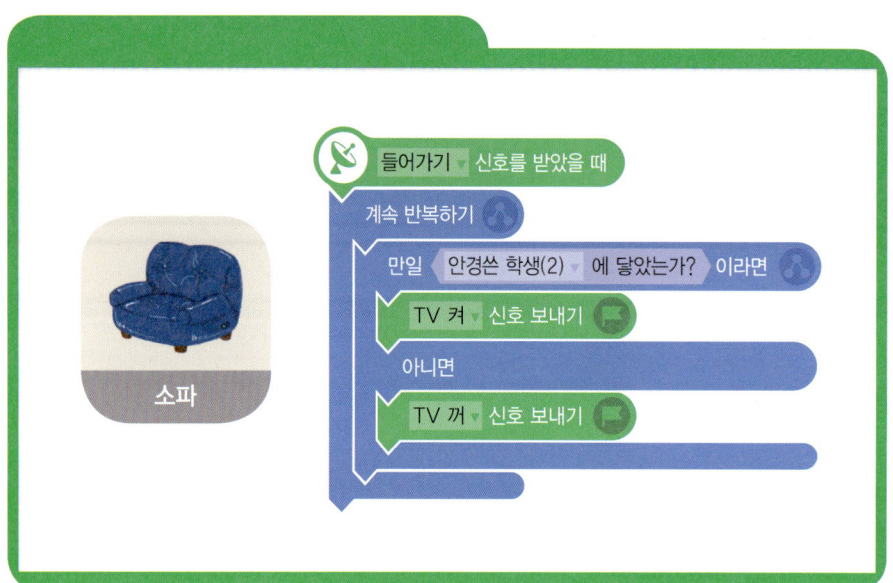

1 ▶시작 블록꾸러미에서 [히터 꺼 신호를 받았을 때] 를 끌어다 놓고, ▼를 클릭해 '들어가기'를 선택합니다.

2 ▲흐름 블록꾸러미에서 [계속 반복하기] 를 끌어다 연결합니다.

3 ▲흐름 블록꾸러미에서 [만일 참 이라면 아니면] 을 끌어다 연결합니다.

4 ✓판단 블록꾸러미에서 [마우스포인터 에 닿았는가?] 를 끌어다 [참] 부분에 끼워 넣고, ▼를 클릭해 '안경쓴 학생(2)'를 선택합니다.

▶소파에 학생이 닿았는지 여부에 따라 다른 명령어가 실행됩니다.

5 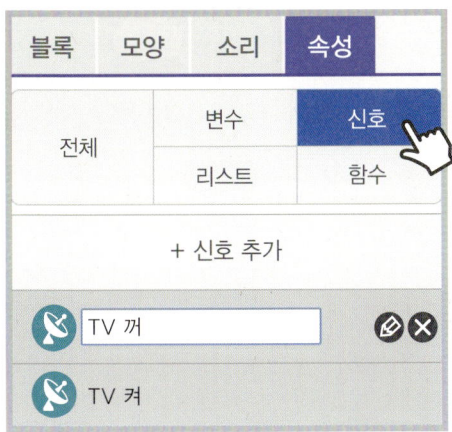 속성 탭에서 '신호'를 선택하고, '신호 추가'를 클릭해 'TV 켜'와 'TV 꺼' 신호를 만듭니다.

6 ▶ 시작 블록꾸러미에서 `TV 꺼 신호 보내기` 를 두 번 끌어다 조건 블록 안쪽에 각각 연결하고, 위쪽 블록은 ▼를 클릭해 'TV 켜'를 선택합니다.

▶ 소파에 학생이 닿으면 'TV 켜' 신호를, 닿지 않으면 'TV 꺼' 신호를 보냅니다.

Step4 만들기-②

텔레비전은 소파로부터 'TV 꺼' 신호를 받았을 때는 꺼져 있다가, 'TV 켜' 신호를 받으면 자동으로 켜집니다.

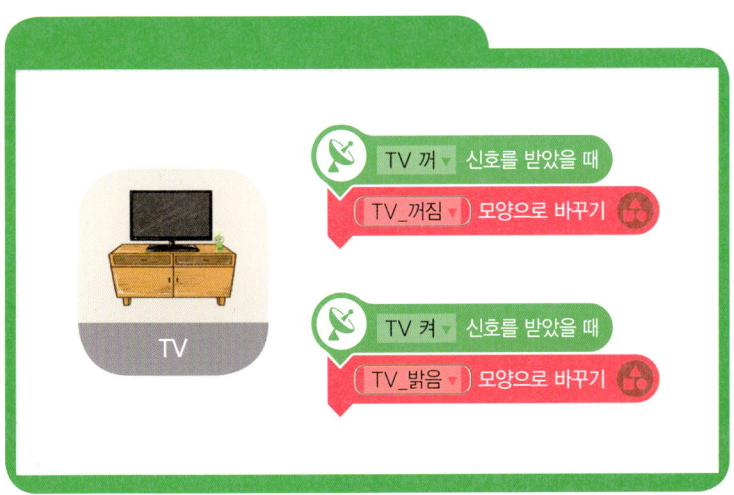

1 ▶시작 블록꾸러미에서 `TV 꺼 신호를 받았을 때` 를 두 번 끌어다 놓고, 하나는 ▼를 클릭해 'TV 켜'를 선택합니다.

2 ▲생김새 블록꾸러미에서 `TV_밝음 모양으로 바꾸기` 를 끌어다 각각 연결하고, 'TV 꺼' 신호에서는 ▼를 클릭해 'TV_꺼짐'을 선택합니다.

🖱 전체 코드 확인하기

블록이 잘 조립되었는지 확인하고, 시작하기 버튼을 눌러 실행해 봅시다.

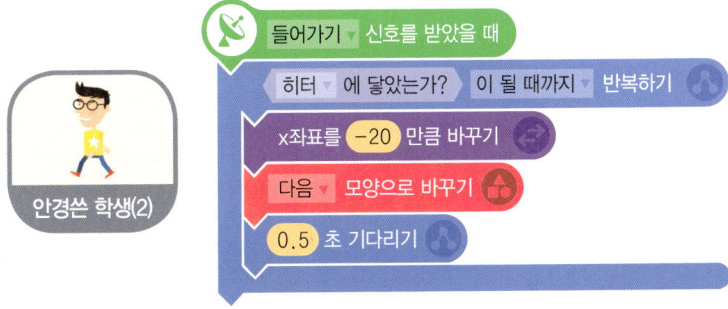

과학과 기술의 발달에 따라 집의 형태는 계속 변화하고 있습니다. 특히 IoT(사물인터넷) 기술이 적용되면서 집 밖에서도 집 안의 전등이나 냉난방 장치를 제어할 수 있게 되었지요.

 어디서든 스마트 하우스를 제어할 수 있는 어플리케이션의 실행화면을 만들어 보세요.

Tip 아래 블록을 활용해서 어떻게 코딩할지 생각해 보세요.

획득! 손전등

미션을 해결했다면, 이제 당신의 탐험가는 어둠을 밝혀 줄 '손전등' 아이템을 얻었습니다.

정답은 133쪽에서 확인해 보세요!

8장 자동 분리 수거 장치

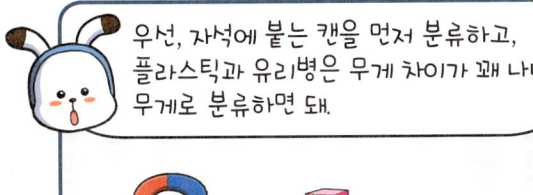

 플라스틱병, 유리병, 캔으로 뒤섞여 있는 분리 수거함의 쓰레기들을 어떻게 해야 자동으로 분류할 수 있을까요?

 완성 작품 구성 미리보기

다음 주소 `https://goo.gl/jopMUq` 로 들어가면 완성 작품이 있습니다. 작품명은 '생활과학_08장'으로, 엔트리 사이트 공유하기에서 'Whycoding4'를 검색해도 작품을 볼 수 있습니다.

미리보기 QR코드로도 작품을 볼 수 있어요.

Step 1 프로그램이 시작되면 쓰레기가 컨베이어 벨트 시작점에서 출발합니다. 캔이면 자석에 붙는지에 따라, 아니면 무게에 따라 분류됩니다.

Step 2 쓰레기가 컨베이어 벨트를 따라 자동 분리 수거 장치에 닿을 때까지 이동합니다.

Step 3 자동 분리 수거 장치에서 재활용 쓰레기의 특성을 분석하고 가야 할 곳을 알려 줍니다.

Step 4 자동 분리 수거 장치가 분류한 대로 쓰레기가 이동합니다.

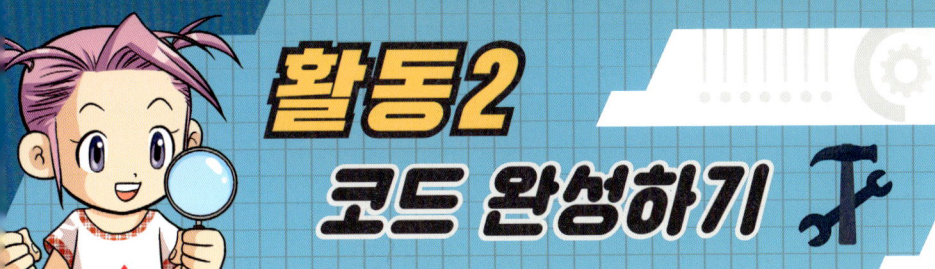

 오브젝트 배치하기

1 '오브젝트 추가하기▶배경▶기타▶그라데이션'을 선택해 배경을 만듭니다.

2 '오브젝트 추가하기▶물건▶기타▶컨베이어 벨트'를 선택해 오브젝트를 추가하고, 오브젝트 목록에서 위치와 크기를 바꿉니다.

▶ 컨베이어 벨트의 X좌표를 10, Y좌표를 −10, 크기를 330으로 바꿉니다.

3 '오브젝트 추가하기▶물건▶생활▶찌그러진캔'을 선택해 오브젝트를 추가하고, 오브젝트 목록에서 이름과 위치, 크기를 바꿉니다.

▶ 찌그러진캔의 이름을 '재활용 쓰레기'로 바꿉니다.
▶ 재활용 쓰레기의 X좌표를 15, Y좌표를 115, 크기를 35로 바꿉니다.

4 오브젝트 목록에서 '재활용 쓰레기'를 선택한 뒤, 모양 탭에서 '모양 추가'를 선택해 다른 재활용 쓰레기들을 추가합니다.

▶ '물건▶생활▶빈유리병_1'을 추가하고, 이름을 '빈유리병'으로 바꿉니다.
▶ '물건▶생활▶빈플라스틱병_2'를 추가하고, 이름을 '빈플라스틱병'으로 바꿉니다.

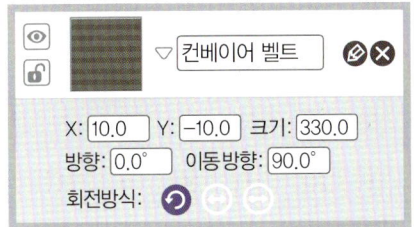

5 '오브젝트 추가하기▶물건▶생활▶분리수거함'을 선택해 오브젝트를 추가하고,
오브젝트 목록에서 이름과 위치, 크기를 바꿉니다.

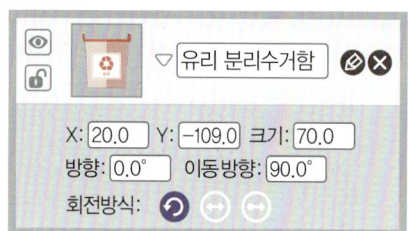

▶ 이름을 '유리 분리수거함'으로 바꿉니다.
▶ 유리 분리수거함의 X좌표를 20, Y좌표를 -109,
  크기를 70으로 바꿉니다.
▶ 모양 탭에서 '분리수거함_유리'를 제외한 나머지
  모양은 모두 지웁니다.

6 '오브젝트 추가하기▶물건▶생활▶분리수거함'을 선택해 오브젝트를 추가하고,
오브젝트 목록에서 이름과 위치, 크기를 바꿉니다.

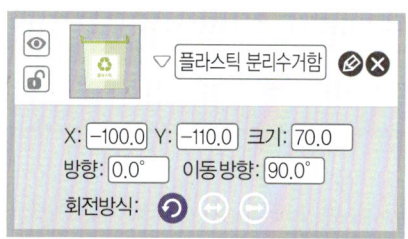

▶ 이름을 '플라스틱 분리수거함'으로 바꿉니다.
▶ 플라스틱 분리수거함의 X좌표를 -100, Y좌표를 -110,
  크기를 70으로 바꿉니다.
▶ 모양 탭에서 '분리수거함_플라스틱'을 제외한 나머지
  모양은 모두 지웁니다.

7 '오브젝트 추가하기▶물건▶생활▶분리수거함'을 선택해 오브젝트를 추가하고,
오브젝트 목록에서 이름과 위치, 크기를 바꿉니다.

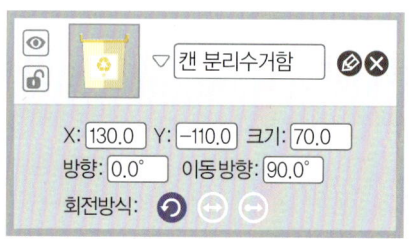

▶ 이름을 '캔 분리수거함'으로 바꿉니다.
▶ 캔 분리수거함의 X좌표를 130, Y좌표를 -110,
  크기를 70으로 바꿉니다.
▶ 모양 탭에서 '분리수거함_캔'을 제외한
  나머지 모양은 모두 지웁니다.

8 '오브젝트 추가하기▶ 파일 업로드 탭▶파일추가'를
선택해 '자동 분리 수거 장치' 오브젝트를 추가하고,
오브젝트 목록에서 위치와 크기를 바꿉니다.

▶ 자동 분리 수거 장치의 X좌표를 40,
  Y좌표를 5, 크기를 160으로 바꿉니다.

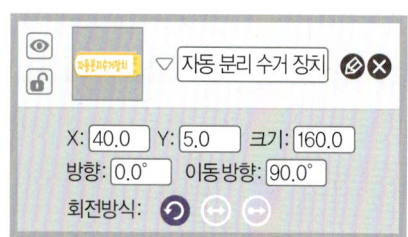

자동 분리 수거 장치 오브젝트는 완성 작품에서 다운로드 받아서 사용하세요. 엔트리에서 원래 제공하는 '센서' 오브젝트를 그림판에서 수정해서 사용해도 됩니다.

9 적절하게 배치되었는지 확인합니다.

Step 1 만들기-①

프로그램이 시작되면 쓰레기 생성 신호를 보냅니다.

1 ▶ **시작** 블록꾸러미에서 [시작하기 버튼을 클릭했을 때] 를 끌어다 놓습니다.

2 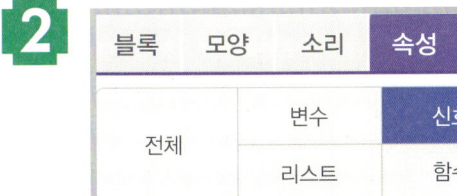 속성 탭에서 '신호'를 선택하고, '신호 추가'를 클릭해 '쓰레기 생성' 신호를 만듭니다.

3 🏁 **시작** 블록꾸러미에서 쓰레기 생성 신호 보내기 를 끌어다 연결합니다.

▶시작하기 버튼을 클릭하면, 쓰레기 생성 신호를 보내 쓰레기가 컨베이어 벨트 위에 나타납니다.

Step1 만들기-②

쓰레기 생성 신호를 받으면 재활용 쓰레기가 무작위로 컨베이어 벨트를 타고 내려옵니다. 재활용 쓰레기가 찌그러진 캔이면 자석에 붙도록 설정합니다.

1 🏁 **시작** 블록꾸러미에서 쓰레기 생성 신호를 받았을 때 를 끌어다 놓습니다.

▶쓰레기 생성 신호를 받았을 때, 아래의 명령어가 실행됩니다.

2 ↔ **움직임** 블록꾸러미에서 x:0 y:0 위치로 이동하기 를 끌어다 연결하고, x좌표를 10, y좌표를 130으로 바꿉니다.

▶재활용 쓰레기가 처음 나타나는 지점을 정해 주는 것입니다.

3 ▲ **생김새** 블록꾸러미에서 찌그러진 캔 모양으로 바꾸기 를 끌어다 연결합니다.

4 ➗ **계산** 블록꾸러미에서 `0 부터 10 사이의 무작위 수` 를 끌어다 `찌그러진 캔▼` 부분에 끼워 넣고, 앞쪽 `0` 은 1로, 뒤쪽 `10` 은 3으로 바꿉니다.

▶ 재활용 쓰레기의 모양 번호 1~3 중 무작위로 한 가지가 선택되어 컨베이어 벨트 위에 나타납니다. 모양 번호는 `모양` 탭에서 확인할 수 있습니다.

5 ⋏ **흐름** 블록꾸러미에서 `만일 참 이라면` 을 끌어다 연결하고,
✓ **판단** 블록꾸러미에서 `10 = 10` 을 끌어다 `참` 부분에 끼워 넣습니다.

6 ➗ **계산** 블록꾸러미에서 `자동 분리 수거 장치▼ 의 x좌푯값▼` 을 끌어다 앞쪽 `10` 부분에 끼워 넣고, ▼를 클릭해 각각 '재활용 쓰레기'와 '모양 번호'를 선택합니다. 뒤쪽 `10` 은 1로 바꿉니다.

▶ 재활용 쓰레기의 모양 번호가 1일 때, 즉 캔일 때 아래의 명령어가 실행됩니다.

7 `속성` 탭에서 '변수'를 선택하고 '변수 추가'를 클릭해, '자석에 붙는가' 변수를 만듭니다.

8 ❓ **자료** 블록꾸러미에서 `자석에 붙는가▼ 를 10 로 정하기` 를 끌어다 조건 블록 안쪽에 연결하고, `10` 을 '예'로 바꿉니다.

재활용 쓰레기의 성질을 정해 주는 코딩이야. 재활용 쓰레기의 모양 번호가 1일 때, 즉 캔일 때 '자석에 붙는가'에 대한 대답은 '예'가 되는 거지.

그럼 재활용 쓰레기의 모양 번호가 2나 3인 경우는 '자석에 붙는가'에 대한 대답이 '아니오'겠구나.

Step 1 만들기-③

재활용 쓰레기가 유리병이나 플라스틱병인 경우, 자석에 붙지 않고 무게로 구분됩니다.

1 앞서 만들었던 모양 번호 1번 코드에 마우스를 대고 오른쪽 버튼을 클릭해 코드 복사를 합니다.

2 복사한 코드를 붙여 넣고, 모양 번호와 자석에 붙는가에 대한 답을 바꿔 줍니다.

▶ 모양 번호 2번은 '빈유리병'으로, 자석에 붙는가에 대한 답은 '아니오'가 됩니다.

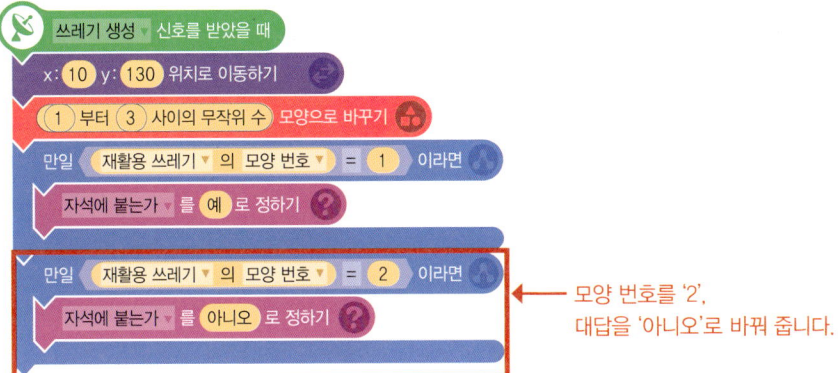

← 모양 번호를 '2', 대답을 '아니오'로 바꿔 줍니다.

3 속성 탭에서 '변수'를 선택하고 '변수 추가'를 클릭해, '무게' 변수를 만듭니다.

4 ? 자료 블록꾸러미에서 무게를 10 로 정하기 를 끌어다 조건 블록 안쪽에 연결합니다.

5 계산 블록꾸러미에서 0 부터 10 사이의 무작위 수 를 끌어다 10 부분에 끼워 넣고, 앞쪽 0 은 50, 뒤쪽 10 은 1100으로 바꿉니다.

▶ 재활용 쓰레기의 모양 번호가 2번, 즉 빈유리병인 경우 무게가 50~1100에서 무작위로 정해집니다.

6 모양 번호 2번 코드를 복사해 붙여 넣고, 모양 번호와 무게에 대한 값을 바꿔 줍니다.

▶ 모양 번호 3번은 '빈플라스틱병'으로, 무게를 1~49 사이의 무작위 수로 정해 줍니다.

← 모양 번호를 '3', 무게를 '1'과 '49'로 바꿔 줍니다.

7 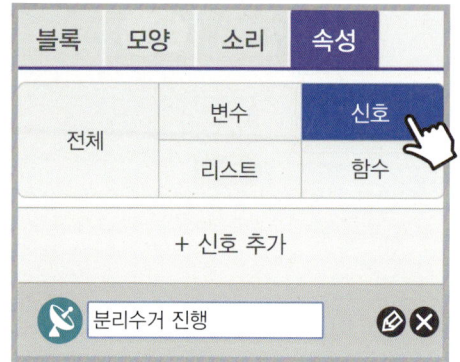 속성 탭에서 '신호'를 선택하고, '신호 추가'를 클릭해 '분리수거 진행' 신호를 만듭니다.

8  시작 블록꾸러미에서 분리수거 진행 신호 보내기 를 끌어다 연결합니다.

▶ 분리수거 진행 신호를 보내, 재활용 쓰레기가 컨베이어 벨트를 따라 이동하며 분류 작업이 이루어지게 합니다.

Step2 만들기

재활용 쓰레기가 컨베이어 벨트를 따라 이동하다가 자동 분리 수거 장치에 닿으면 분석하기 신호를 보냅니다.

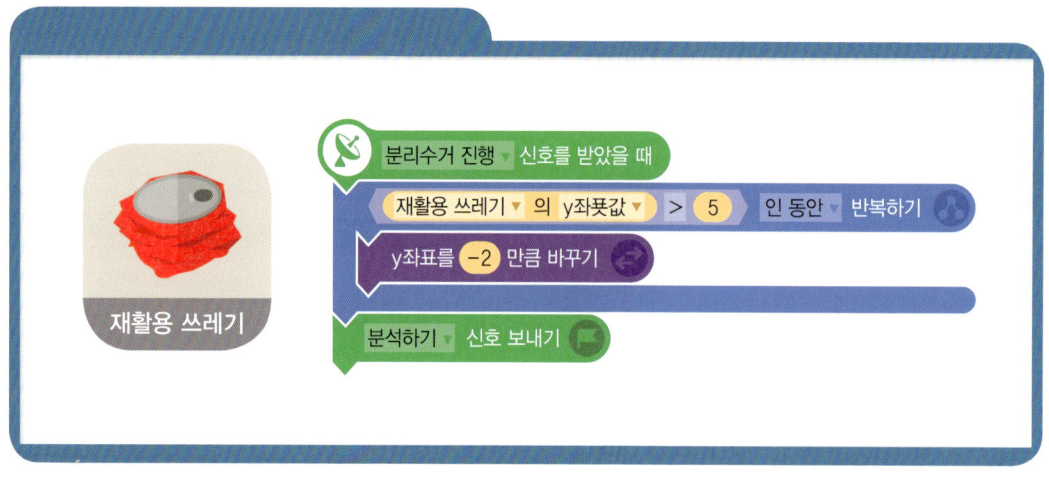

1  시작 블록꾸러미에서 분리수거 진행 신호를 받았을 때 를 끌어다 놓습니다.

2. 흐름 블록꾸러미에서  를 끌어다 연결하고, ▼를 클릭해 '인 동안'을 선택합니다.

3. 판단 블록꾸러미에서 `10 > 10` 을 끌어다 `참` 부분에 끼워 넣습니다.

4. 계산 블록꾸러미에서 `자동 분리 수거 장치▼ 의 x좌푯값▼` 을 끌어다 앞쪽 `10` 부분에 끼워 넣고, ▼를 클릭해 각각 '재활용 쓰레기'와 'y좌푯값'을 선택합니다. 뒤쪽 `10` 은 5로 바꿉니다.

5. 움직임 블록꾸러미에서 `y좌표를 10 만큼 바꾸기` 를 끌어다 반복 블록 안쪽에 연결하고, −2로 바꿉니다.

▶ y좌푯값이 5보다 큰 동안, 즉 자동 분리 수거 장치에 다다를 때까지는 재활용 쓰레기가 컨베이어 벨트를 따라 2만큼씩 아래로 이동합니다.

6. 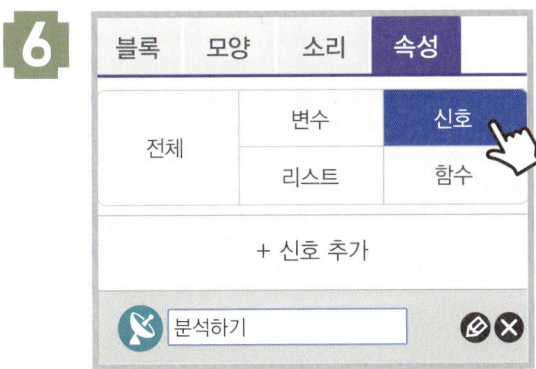 속성 탭에서 '신호'를 선택하고, '신호 추가'를 클릭해 '분석하기' 신호를 만듭니다.

7. 시작 블록꾸러미에서 `분석하기▼ 신호 보내기` 를 끌어다 연결합니다.

▶ 쓰레기 분류가 진행되도록 자동 분리 수거 장치에 분석하기 신호를 보냅니다.

변수랑 신호가 꽤 많은데, 한 번에 만들어 놓고 쓰면 안 돼요?

역시 엄지는 똑똑해! 맞아, 프로그램에 필요한 변수나 신호를 생각해서 미리 만들어 놓으면 훨씬 편리하겠지?

Step3 만들기

자동 분리 수거 장치가 재활용 쓰레기의 특성을 분석하고 가야 할 곳을 알려 줍니다.

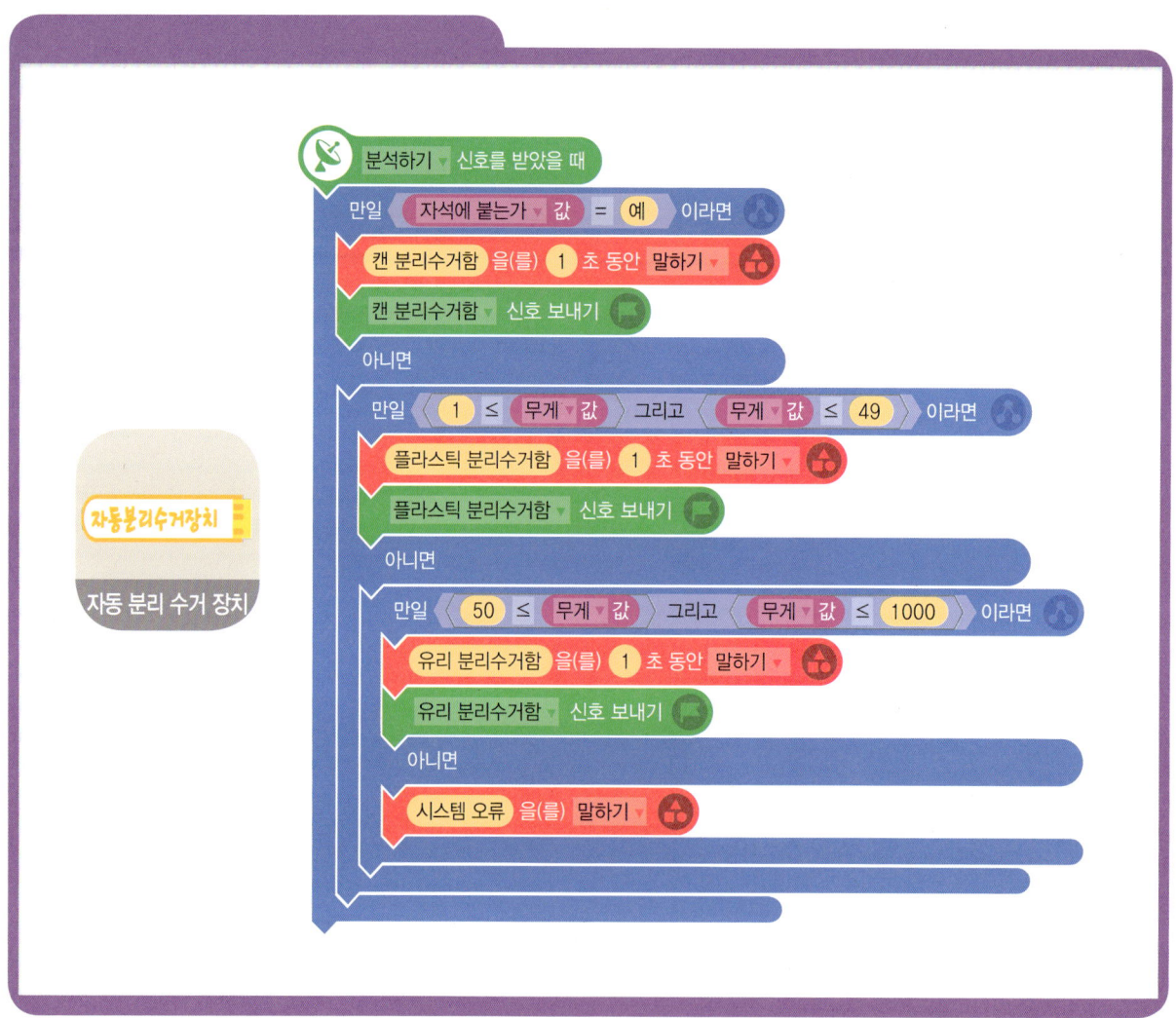

1 시작 블록꾸러미에서 `분석하기 신호를 받았을 때` 를 끌어다 놓습니다.
▶ 분석하기 신호를 받았을 때 아래의 명령어가 실행됩니다.

2 흐름 블록꾸러미에서 `만일 참 이라면 / 아니면` 을 끌어다 연결합니다.

3 판단 블록꾸러미에서 `10 = 10` 을 끌어다 `참` 부분에 끼워 넣습니다.

4 ? 자료 블록꾸러미에서 `무게▼값` 을 끌어다 앞쪽 `10` 부분에 끼워 넣고,
▼를 클릭해 '자석에 붙는가'를 선택합니다. 뒤쪽 `10` 은 '예'로 바꿉니다.
▶ 재활용 쓰레기가 자석에 붙으면 아래의 명령어가 실행됩니다.

5 생김새 블록꾸러미에서 `안녕! 을(를) 4 초 동안 말하기▼` 를 끌어다
조건 블록 안쪽에 연결하고, '캔 분리수거함'과 1초로 바꿉니다.
▶ 자석에 붙는 성질을 가진 재활용 쓰레기는 캔 분리수거함으로 가야 할 쓰레기라고 알려 줍니다.

6 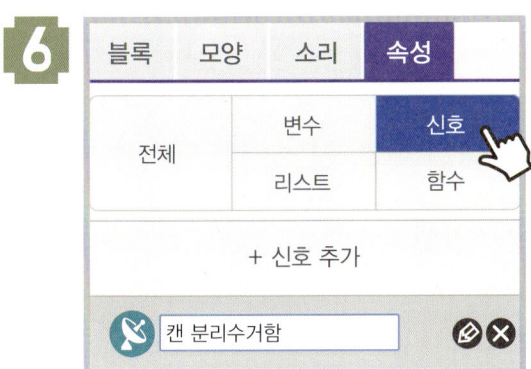 속성 탭에서 '신호'를 선택하고,
'신호 추가'를 클릭해 '캔 분리수거함' 신호를
만듭니다.

7 시작 블록꾸러미에서 `캔 분리수거함▼ 신호 보내기` 를 끌어다 연결합니다.
▶ 분류된 재활용 쓰레기가 캔 분리수거함으로 이동하도록 신호를 보냅니다.

8 흐름 블록꾸러미에서 `만일 참 이라면 / 아니면` 을 끌어다 `아니면` 안쪽에 연결합니다.

9 판단 블록꾸러미에서 `참 그리고 참` 을 끌어다 `참` 부분에 끼워 넣고,
판단 블록꾸러미의 `10 ≤ 10` 을 두 번 끌어다 `참` 부분에 각각 끼워 넣습니다.

10 ? 자료 블록꾸러미에서 `무게▼값` 을 끌어다 두 번째와 세 번째 `10` 부분에 끼워 넣고,
맨 앞쪽 `10` 은 1로, 맨 뒤쪽 `10` 은 49로 바꿉니다.

11 생김새 블록꾸러미에서 [안녕! 을(를) 4 초 동안 말하기] 를 끌어다 조건 블록 안쪽에 연결하고, '플라스틱 분리수거함'과 1초로 바꿉니다.

▶ 자석에 붙지 않고 무게가 1 이상 49 이하의 재활용 쓰레기는 플라스틱 분리수거함으로 가야 할 쓰레기라고 알려 줍니다.

12 속성 탭에서 '신호'를 선택하고, '신호 추가'를 클릭해 '플라스틱 분리수거함' 신호를 만듭니다.

13 시작 블록꾸러미에서 [플라스틱 분리수거함 신호 보내기] 를 끌어다 연결합니다.

▶ 분류된 재활용 쓰레기가 플라스틱 분리수거함으로 이동하도록 신호를 보냅니다.

14 8 ~ 11 을 반복해 유리 분리수거함 코드를 만듭니다.

▶ 자석에 붙지 않고 무게가 50 이상 1000 이하의 재활용 쓰레기는 유리 분리수거함으로 가야 할 쓰레기라고 알려 줍니다.

15 속성 탭에서 '신호'를 선택하고, '신호 추가'를 클릭해 '유리 분리수거함' 신호를 만듭니다.

16 시작 블록꾸러미에서 [유리 분리수거함 신호 보내기] 를 끌어다 연결합니다.

▶ 분류된 재활용 쓰레기가 유리 분리수거함으로 이동하도록 신호를 보냅니다.

17 생김새 블록꾸러미에서  를 끌어다 아니면 안쪽에 연결하고, '시스템 오류'로 바꿉니다.

▶ 무게가 1001 이상 1100 이하의 재활용 쓰레기(빈유리병)는 정해진 기준에 따라 분류할 수 없으므로 '시스템 오류'라고 이야기합니다.

시스템 오류가 되면 쓰레기를 분류할 수 없어 프로그램이 멈춥니다.

완성된 코드를 보면 자동 분리 수거 장치의 원리가 한눈에 보이지?

정말 그렇네.

Step4 만들기

자동 분리 수거 장치가 분류한 대로 쓰레기가 분리수거함으로 이동합니다.

1 ▶ 시작 블록꾸러미에서 [유리 분리수거함 신호를 받았을 때] 를 끌어다 놓습니다.

▶ 유리 분리수거함 신호를 받았을 때 아래의 명령어가 실행됩니다.

2 ↔ 움직임 블록꾸러미에서 [2초 동안 자동 분리 수거 장치 위치로 이동하기] 를 끌어다 연결하고, ▼를 클릭해 '유리 분리수거함'을 선택합니다. 시간은 1초로 바꿉니다.

▶ 빈유리병이 1초 동안 유리 분리수거함으로 이동합니다.

3 ▶ 시작 블록꾸러미에서 [유리 분리수거함 신호 보내기] 를 끌어다 연결하고, ▼를 클릭해 '쓰레기 생성'을 선택합니다.

▶ 쓰레기가 다시 만들어지고 분류되는 과정이 이루어지도록 신호를 보냅니다.

4 🏁 시작 블록꾸러미에서 `유리 분리수거함 신호를 받았을 때` 를 끌어다 놓고,

▼를 클릭해 '플라스틱 분리수거함'을 선택합니다.

5 ↔ 움직임 블록꾸러미에서 `2초 동안 자동 분리 수거 장치 위치로 이동하기` 를 끌어다 연결하고,

▼를 클릭해 '플라스틱 분리수거함'을 선택합니다. 시간은 1초로 바꿉니다.

▶ 빈플라스틱병이 1초 동안 플라스틱 분리수거함으로 이동합니다.

6 🏁 시작 블록꾸러미에서 `유리 분리수거함 신호 보내기` 를 끌어다 연결하고,

▼를 클릭해 '쓰레기 생성'을 선택합니다.

7 🏁 시작 블록꾸러미에서 `유리 분리수거함 신호를 받았을 때` 를 끌어다 놓고,

▼를 클릭해 '캔 분리수거함'을 선택합니다.

8 ↔ 움직임 블록꾸러미에서 `2초 동안 자동 분리 수거 장치 위치로 이동하기` 를 끌어다 연결하고,

▼를 클릭해 '캔 분리수거함'을 선택합니다. 시간은 1초로 바꿉니다.

▶ 찌그러진캔이 1초 동안 캔 분리수거함으로 이동합니다.

9 🏁 시작 블록꾸러미에서 `유리 분리수거함 신호 보내기` 를 끌어다 연결하고,

▼를 클릭해 '쓰레기 생성'을 선택합니다.

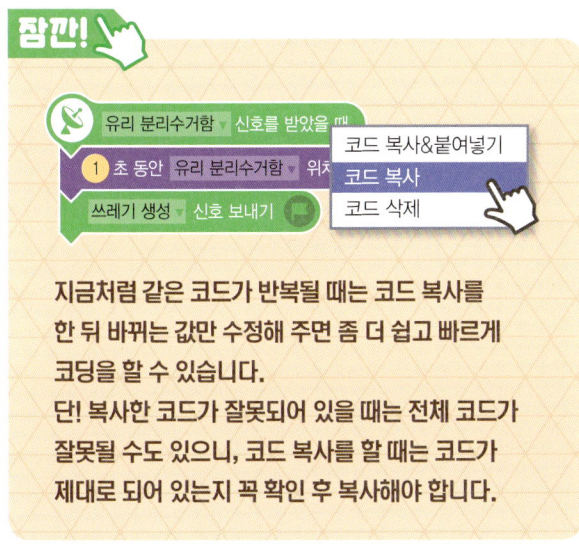

잠깐!

지금처럼 같은 코드가 반복될 때는 코드 복사를 한 뒤 바뀌는 값만 수정해 주면 좀 더 쉽고 빠르게 코딩을 할 수 있습니다.
단! 복사한 코드가 잘못되어 있을 때는 전체 코드가 잘못될 수도 있으니, 코드 복사를 할 때는 코드가 제대로 되어 있는지 꼭 확인 후 복사해야 합니다.

복사한 코드도 값에 맞게 제대로 수정해야 해.

흥~ 나도 다 알거든?

전체 코드 확인하기

블록이 잘 조립되었는지 확인하고, 시작하기 버튼을 눌러 실행해 봅시다.

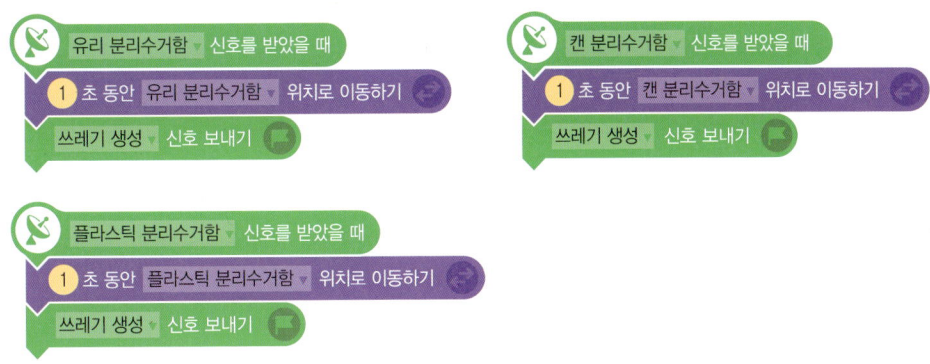

자동 분리 수거 장치를 잘 만들어 보았나요? 실제 장치로 쓰기에는 부족한 면이 있지만 물체가 가지는 특성을 이용하니 나름 멋진 분리 수거 장치가 되었습니다.

 이제 '종이' 쓰레기를 하나 더 늘려서 자동 분리 수거 장치를 업그레이드시켜 보세요.

Tip 종이는 플라스틱병보다 가볍습니다. 종이 쓰레기의 무게는 1~20g으로, 빈 플라스틱병의 무게는 21~49g으로 가정해서 코딩해 보세요.

마지막 미션까지 훌륭히 잘 해결했나요? 이제 저는 마지막 아이템이자 여행길의 좋은 친구인 원숭이를 얻어 탐험을 떠날 준비가 되었습니다. 제 탐험 장비가 업그레이드된 만큼, 여러분의 코딩 실력도 더욱 업그레이드되었을 것입니다. 앞으로 더욱 실력을 키워 멋진 프로그램을 만들어 보세요!

획득!
원숭이

코딩 Level Up! 정답 페이지

20쪽

https://goo.gl/RWnS0p

▶ 풍선 색을 변하게 하려면 색깔 효과를 주면 됩니다.

▶ 소리 탭에서 '소리 추가'를 클릭하고, '사물▶탱크 포화 소리2'를 선택해 적용합니다.

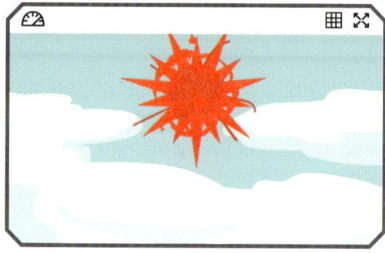

코드 완성

▶ '오브젝트 추가하기▶배경▶실외▶공원'을 선택해 배경을 만듭니다.

▶ '오브젝트 목록에서 '스마트폰'을 선택하고 모양 탭에서 '스마트폰_켜짐' 모양을 선택합니다.

▶ 오브젝트 추가하기▶ 글상자 탭을 선택한 뒤, '운동 시간 계산기'를 글상자 칸에 쓰고 적용합니다. 글자 모양을 코딩고딕체로, 글자색을 흰색으로, 배경색을 남색으로 선택합니다.

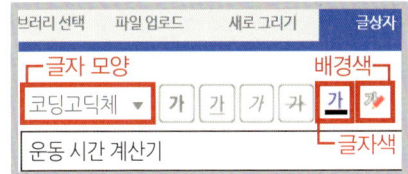

▶ 완성 작품의 모양 탭에서 엄지와 꼼지 오브젝트를 다운받고, '오브젝트 추가하기▶ 파일 업로드 탭▶ 파일추가'를 선택해 '꼼지'와 '엄지' 오브젝트를 추가합니다. 파일을 다운받고 추가하는 방법은 49쪽을 참고하세요.

46쪽 https://goo.gl/Zu1cEB

▶ x좌푯값을 무작위 수로 해서 박사님이 좌우 곳곳에 나타나도록 합니다.

코드 완성

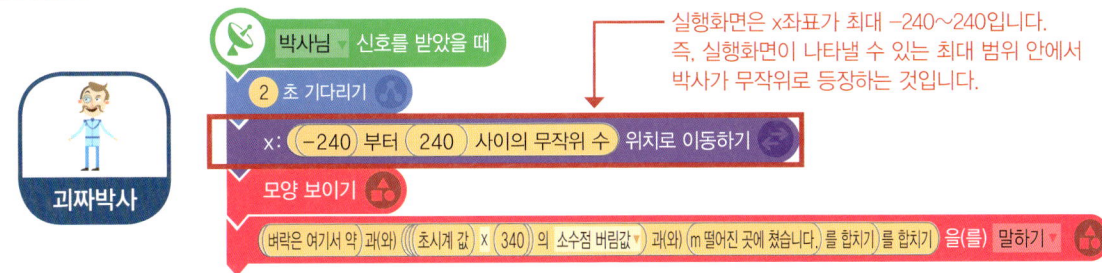

실행화면은 x좌표가 최대 −240~240입니다. 즉, 실행화면이 나타낼 수 있는 최대 범위 안에서 박사가 무작위로 등장하는 것입니다.

56쪽 https://goo.gl/L864Tg

▶ 소리 탭에서 '소리 추가'를 클릭하고, '사물▶기타▶위험 경고'를 선택해 적용합니다.

코드 완성

72쪽 https://goo.gl/3JtDPc

▶ 붓 블록꾸러미의 그리기 블록을 이용해 열이 전도되는 모습을 표현합니다.

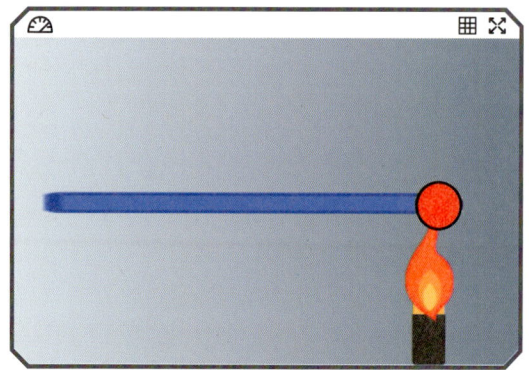

▶ '오브젝트 추가하기▶배경▶기타▶그라데이션'을 선택해 배경을 만듭니다.

▶ '오브젝트 추가하기'에서 '분홍 립스틱, 빼기, 불(1)' 오브젝트를 추가하고, 표현하려는 내용에 맞게 적절하게 배치합니다.

▶ '오브젝트 추가하기▶ 새로 그리기 '를 이용해 '가열지점' 오브젝트를 그려서 추가합니다. 새로 그린 오브젝트를 저장하는 방법은 77쪽을 참고하세요.

코드 완성

▶ 폭포수가 떨어지면 날개가 회전하며 전기가 만들어집니다.

▶ '오브젝트 추가하기▶배경▶자연▶거대 폭포'를 선택해 배경을 만듭니다.

▶ '오브젝트 추가하기'에서 '선풍기, 전구, 작은 배터리, 비(2)' 오브젝트를 추가하고, 각각의 오브젝트 이름을 바꿉니다. 그리고 표현하려는 내용에 맞게 적절하게 배치합니다.

▶ 전선 오브젝트는 완성 작품에서 다운받거나 '오브젝트 추가하기▶ 새로 그리기 '를 이용해 그려서 추가합니다.

코드 완성

축전지

폭포수

전구

날개

▶ 오브젝트를 클릭할 때마다 다음 모양으로 바뀌도록 코딩합니다.

▶ '오브젝트 추가하기▶배경▶실내▶초록 방'을 선택해 배경을 만듭니다.

▶ '오브젝트 추가하기'에서 '소파, 히터, 에어컨, 창문, TV, 전등(배경)' 오브젝트를 추가하고, 모양 탭에서 모두 꺼진 모양을 선택합니다. 오브젝트를 표현하려는 내용에 맞게 적절하게 배치합니다.

코드 완성

126쪽 https://goo.gl/AMz9fk

▶ 오브젝트 목록에서 '재활용 쓰레기'를 선택한 뒤, 모양 탭에서 '모양 추가'를 선택합니다. '종이상자_1'을 추가하고 이름을 '종이 쓰레기'로 바꿉니다.

▶ '오브젝트 추가하기▶물건▶생활▶분리수거함'을 선택해 오브젝트를 추가하고, 모양 탭에서 '분리수거함_종이'를 제외한 나머지 모양은 지웁니다.

▶ 종이 쓰레기의 무게가 가장 가볍다는 점을 이용해 무게 조건을 추가합니다.

무게 조건
- 종이 쓰레기 : 1~20
- 플라스틱 병 : 21~49
- 유리병 : 50~1000

코드 완성

자동 분리 수거 장치

- 분석하기 신호를 받았을 때
- 만일 〈자석에 붙는가▼ 값 = 예〉 이라면
  - 캔 분리수거함 을(를) 1 초 동안 말하기▼
  - 캔 분리수거함 신호 보내기
- 아니면
  - 만일 〈〈1 ≤ 무게▼ 값〉 그리고 〈무게▼ 값 ≤ 20〉〉 이라면
    - 종이 분리수거함 을(를) 1 초 동안 말하기▼
    - 종이 분리수거함 신호 보내기
  - 아니면
    - 만일 〈〈21 ≤ 무게▼ 값〉 그리고 〈무게▼ 값 ≤ 49〉〉 이라면
      - 플라스틱 분리수거함 을(를) 1 초 동안 말하기▼
      - 플라스틱 분리수거함 신호 보내기
    - 아니면
      - 만일 〈〈50 ≤ 무게▼ 값〉 그리고 〈무게▼ 값 ≤ 1000〉〉 이라면
        - 유리 분리수거함 을(를) 1 초 동안 말하기▼
        - 유리 분리수거함 신호 보내기
      - 아니면
        - 시스템 오류 을(를) 말하기▼

재활용 쓰레기

시작하기 버튼을 클릭했을 때
- 쓰레기 생성 신호 보내기

분리수거 진행 신호를 받았을 때
- 재활용 쓰레기의 y좌푯값 > 5 인 동안 반복하기
  - y좌표를 -2 만큼 바꾸기
- 분석하기 신호 보내기

쓰레기 생성 신호를 받았을 때
- x: 10 y: 130 위치로 이동하기
- 1 부터 4 사이의 무작위 수 모양으로 바꾸기
- 만일 재활용 쓰레기의 모양 번호 = 1 이라면
  - 자석에 붙는가 를 예 로 정하기
- 만일 재활용 쓰레기의 모양 번호 = 2 이라면
  - 무게 를 50 부터 1100 사이의 무작위 수 로 정하기
  - 자석에 붙는가 를 아니오 로 정하기
- 만일 재활용 쓰레기의 모양 번호 = 3 이라면
  - 무게 를 21 부터 49 사이의 무작위 수 로 정하기
  - 자석에 붙는가 를 아니오 로 정하기
- 만일 재활용 쓰레기의 모양 번호 = 4 이라면
  - 무게 를 1 부터 20 사이의 무작위 수 로 정하기
  - 자석에 붙는가 를 아니오 로 정하기
- 분리수거 진행 신호 보내기

유리 분리수거함 신호를 받았을 때
- 1 초 동안 유리 분리수거함 위치로 이동하기
- 쓰레기 생성 신호 보내기

플라스틱 분리수거함 신호를 받았을 때
- 1 초 동안 플라스틱 분리수거함 위치로 이동하기
- 쓰레기 생성 신호 보내기

캔 분리수거함 신호를 받았을 때
- 1 초 동안 캔 분리수거함 위치로 이동하기
- 쓰레기 생성 신호 보내기

종이 분리수거함 신호를 받았을 때
- 1 초 동안 종이 분리수거함 위치로 이동하기
- 쓰레기 생성 신호 보내기

즐겁게 코딩하며 생각하는 힘을 키워요!

코딩 교육의 목적은 컴퓨터를 다루는 기술을 통해 논리와 창의력을 기르는 것입니다. 단순히 컴퓨터를 다룰 줄 아는 능력이 아니라 상황을 파악하고 문제를 해결하는 능력을 키우는 것이지요. 〈Why? 코딩 워크북〉 시리즈는 코딩을 가장 쉽고 재미있게 배우는 방법입니다. 코딩을 이해하는 사이, 자연스럽게 생각하는 힘이 길러질 것입니다!

Why? 코딩 워크북 ❶ 기초　❷ 애니메이션　❸ 게임　❹ 생활과학　❺ 햄스터로봇

글 홍지연·신갑천·정진희·안진석·천대건(초등컴퓨팅교사협회)　그림 이영호　감수 송상수(엔트리교육연구소)